臺灣教育評論學會
2022年度專書

雙語教育的國際比較與政策省思

黃政傑　策劃
方志華、葉興華　主編

謝金枝、陳純音、林慶隆、田耐青
宋明君、宋安凡、湯　堯、鄭文文
黃政傑、林偉人、陳姿吟、賴宥宇
陳延興、吳百玲、張國保、葉建宏
葉貞妮、顏佩如　合著

五南圖書出版公司 印行

理事長序

　　2018年12月，行政院通過國發會提出的「2030雙語國家政策發展藍圖」，啟動臺灣全面推動雙語各項策略之行動。此一藍圖希望在面對全球化及國際化浪潮之際，各部會能從需求端全面規劃民眾、產業及政府之雙語政策，以厚植國人英語力為策略主軸，並以2030年為目標，打造臺灣成為雙語國家，提升國家競爭力。此一藍圖規劃八項共同策略，十六項個別策略。其中由教育部負責的個別策略是「全面啟動教育體系的雙語活化、培養臺灣走向世界的雙語人才」，各級學校的雙語教育乃全面推行起來。

　　雖然此一藍圖特別強調與以往重考試的雙語教育不同，但家長仍由考試升學思考，認為此一政策裨益於子女的英語學習和競爭力，傾向於支持者眾。學者專家和學校則不相同，雖對此一政策之推動，多數採取順應態度配合，但提出質疑者亦不在少數，包含政策理念、目標、內容、方法和策略都有深入的批評和討論。

　　雙語國家政策及教育體系雙語活化策略對各級學校影響很大，實施不當的話，很可能降低教師教學品質和學生學習成效，反而削減個人和國家競爭力，值得特別注意。有鑑及此，本會選定「雙語教育的國際比較與政策省思」作為專書題目，邀請知名學者主編，希望探討國際推動雙語政策之經驗，並對國內推動之雙語教育進行深入反省。

本書之編輯，先要感謝方志華和葉興華主編全力投入規劃和執行。其次要感謝本書作者惠賜鴻文，提出寶貴見解，也要感謝各篇文章之審查委員，提供寶貴意見供作者參考修訂。本會理監事參與擘劃，葉興華祕書長及編輯部同仁負責本書編輯之相關事宜，特此致謝。最後本書之順利出版，還要感謝五南圖書出版公司全力支持。

臺灣教育評論學會理事長

黃政傑

2022年12月

主編序

　　全球化的國際局勢快速多變，臺灣需要及時因應全球化需求，培養可以迎頭趕上數位化和地球村時代的新公民，其中英語早已儼然成為必備的國際交流語言條件，因而國家發展委員會於2018年發布「2030雙語國家政策發展藍圖」，而教育正是此一政策下最重要的基礎布局領域。

　　2019年起實施的十二年國教課綱之基本理念與願景，學生在自主學習的課程與教學中，希望可以習得國際通用的英語，與世界各國人們溝通交流，也要能同理和認識語言背後的文化底蘊，學習包容和尊重多元文化。雙語不僅是個人生涯能多元發展的重要資本，也是臺灣發展與國際社會、經濟與文化等交流以提高國家競爭力的重要媒介。

　　2021年可謂我國雙語教育元年，從2021年9月起，大專到小學有300多萬名學生實施雙語教育新制。在大學方面，教育部已選4所大學，及25校的41個學院，補助為雙語標竿大學與學院，期望標竿學校或學院至少五分之一大二和碩一生有20%以上課程為全英語授課等作為目標。在高中方面，補助50所高中成立雙語實驗班，補助專任外籍師和雙語代理教師各1名。國中小部分，每年優先為偏鄉聘任300名外師；每年增加100所學校補助至少1個學科推動雙語教學。在師培方面，培育雙語師資大學增至14所，年增500名雙語教師，每年增能1,000名教師等。

政府在雙語教育方面，提出各種政策推動之宣示，然而英語學習的雙峰落差現象由來已久，加上城鄉落差、雙語師資、整體雙語學習環境等皆尚在整備中，不論政策推動、課程與教學的實施，以及學習成果的評鑑，在大中小學的挑戰皆不同，需要加以探究。基於對雙語教育政策背景與發展動向的關注，本評論專書主題訂為「雙語教育的國際比較與政策省思」，分為「雙語教育的國際比較」和「雙語教育的政策省思」兩大篇，共收錄十一篇評論專文。

　　第一篇「雙語教育的國際比較」五篇論文內容，包括：討論雙語教育的本質對臺灣制定雙語教育政策的啟示、亞洲各國大學推動EMI對臺灣的啟示、臺灣與菲律賓國中小教學語文之比較、學前雙語教育的融入形式和問題，以及國際學生能力評量計畫PISA之外語評量架構與雙語政策評論與反思。第二篇「雙語教育的政策省思」六篇論文，包括：從雙語政策看中小學雙語師資培育、從首批雙語專長教師面臨狀況省思雙語教育政策的配套措施、國小校長推動雙語教育課程領導之個案研究、國小教育人員對雙語國家政策認知之研究、技職校院實施雙語教育之挑戰與因應策略，以及國小原住民族教專生對於多語政策下，原住民族雙語教育教學實踐之觀點與評論等。十一篇專文呈現多元的評論觀點與教育專業建言，期望藉由學術專論與交流，喚起教育界對雙語教育政策的深入探討與省思。

　　感謝本書作者群辛勤筆耕惠賜文稿，審稿者匿名審查，讓專書內涵更臻完善。學會助理編輯陳亞妹老師處理所有往返審稿及

校訂稿件，備極辛勞。感謝黃政傑理事長悉心規劃和督促本書完成；五南圖書出版公司慨允出版，五南編輯部黃文瓊主編、李敏華編輯和同仁為本書文編和美編把關、力求精美，學會祕書處許乃方小姐協助本書出版事宜，都是本專書得以順利出版的重要推手。期望本專書之出版，能對臺灣教育革新盡一份心力，持續喚起更多人對雙語教育政策的反思和回應。

臺北市立大學學習與媒材設計學系教授

臺灣教育評論學會理事

方志華

臺北市立大學學習與媒材設計學系教授

臺灣教育評論學會祕書長

葉興華

2022年12月

目　次

雙語教育的國際比較

雙語教育
的
國際比較

第一章

雙語教育的本質 —— 對臺灣制定雙語教育政策的啟示

謝金枝

澳門大學教育學院助理教授

壹、前言

　　由於新科技的發展及全球化的**趨勢**，使得國與國之間更容易跨越邊境的阻隔，以一種更具共通性的觀點來看待世界（Agulló & Herero, 2019）。爲促進國際間的互動及相互理解，除了精於本國語言外，至少精通一種外國語言的需求快速增加，使得雙語逐漸成爲學校教育系統的一種特色，遍及幼兒教育到高等教育階段（Agulló & Herero, 2019）。

　　除了全球化的**趨勢**外，受到國際主義、全球貿易、跨國公司和跨國就業日益增長的影響（Agulló & Herero, 2019；Wright & Baker, 2017），許多家長認爲雙語教育能增進個人的學術成就，也能使個人具備在本國以外進行溝通的能力，亦能提高適應市場需求及就業的語言能力（Wright & Baker, 2017）而期望能從雙語或多語教育中，獲取主要國際語言所提供的智能性、社會性及經濟性的益處。

　　英語已成爲全球貿易、金融和商業、科學、技術和網際網路的主要媒介（Lin & Man, 2009），因此成爲當今全球的主要國際語言（major international language）。許多國家，像新加坡、日本及德國近一、二十年間在教育中使用英語的情形也愈來愈常見（Wright & Baker, 2017）。

　　在這波重視雙語教育及以英語爲主要國際語言的浪潮下，臺灣除了在過去推動「營造英語生活環境建設計畫（91-96年）」、「營造國際生活環境建設計畫（97-98年）」及「提升國人英語力建設計畫（99-101年）」之外，更在2018年公布「2030雙語國家政策發展藍圖」作爲指導方針，希望能「以2030年爲目標，打造臺灣成爲雙語國家，提升國人英語力，增加我國際競爭力」（國家發展委員會，2018）。

　　臺灣的「2030雙語國家政策發展藍圖」是以全民爲對象，目標之一是希望能「全面強化國人運用英語聽、說、讀、寫的軟實力」（國家發展委員會，2018）。然而，臺灣以全民爲對象實施雙語教育是頭一遭，受到許多學者的關注（例如：王俞蓓、林子斌，2021；何萬

順、江文瑜，2021；林子斌，2020；侯彥伶，2019；范莎惠，2020；
譚筆群，2021；張玉芳，2020；許祖嘉，2021；黃昆輝，2022；黃家
凱，2021；黃琇屏，2021；廖偉民，2020；鮑瑤鋒，2021；簡雅臻，
2021）。學者從不同角度來分析此次雙語教育政策，有人從政策社會
學的角度（黃家凱，2021），有人從理性與價值的角度來看（何萬
順、江文瑜，2021）。但筆者認為此政策涉及層面廣，又扮演指引的
作用，有必要審視政策中有關雙語教育的本質，才能掌握方向，朝向正
確的目標。

　　本文先探討雙語教育的本質，包括雙語教育的意義、目的與型態，
再分析臺灣推動雙語教育的三份國家層級的政策文件，包括「2030雙
語國家政策發展藍圖」（國家發展委員會，2018）、「2030雙語政
策整體推動方案」（國家發展委員會、教育部、人事行政總處、考選
部、公務人員保障暨培訓委員會，2021）及「前瞻基礎建設－人才培
育促進就業建設：2030雙語國家政策（110至113年）」（國家發展委
員會、教育部，2020）。最後針對臺灣制定或修訂雙語教育政策提供
建議。全文分為前言、雙語教育的本質、雙語教育本質對臺灣制定雙語
教育政策的啟示及結語四部分。

貳、雙語教育的本質

　　實施雙語教育，有必要先釐清其本質，才能選擇適合當地的雙語教
育型態與實務。以下探討雙語教育的源起、定義、目的及型態，再從雙
語教育本質來分析臺灣推動雙語教育的官方政策文件，並提出建議。

一、雙語教育的源起

　　許多人認為雙語（或多語）的現象只出現在雙語或多語的國家，
像加拿大（Canada）、瑞士（Switzerland）和比利時（Belgium）
（Grosjean, 1997）。事實上，世界各地都有使用雙語或多語的人，

他們可能在不同的教育或工作階段學習或接觸母語以外的第二種語言
（Grosjean, 1997）。形成雙語的因素相當多元，包括各種因經濟、
教育、政治與宗教因素的移民、民族主義和聯邦主義、教育和文化、
貿易和商業及通婚等（Grosjean, 1997）。這些因素創造了不同的語
言需求，而出現使用雙語或多語的人。雙語教育可回溯到希臘羅馬
時代（Cummins, 1997），幾乎是自有教育活動以來，就有雙語教育
（Wright & Baker, 2017）。

　　雙語教育的發展歷程是從當地語言的單語，然後進展到多數人使用
的民族語言，再進到把帝國語言融入殖民區，最後是帝國語言的強行加
入，要求殖民地的人民一定要學（Mwaniki, Arias, & Wiley, 2017）。
也就是在早期，教育使用的語言通常都是當地語言，但當民族國家出現
後，會以民族語言作為教學語言，以發揮民族統一的作用。而帝國主義
促使許多民族國家擴張其勢力，占領殖民地。為了與當地人民接觸，
許多商人與傳教士開始學習殖民地語言而出現一批雙語人士。為了統
治殖民地，帝國使用的語言強加在殖民地教育中，而形成雙語現象。
當然，在此歷程中，通常是從菁英教育開始，再逐漸擴展到一般大眾
（Mwaniki et al., 2017）。

　　由於新科技的發展、全球化、國際主義、全球貿易、跨國公司和
跨國就業日益增長的趨勢（Agulló & Herero, 2019；Wright & Baker,
2017），許多國家透過公私立學校提供不同形式的雙語教育。相關研
究也從1920年代陸續展開（Cummins, 1997）。由於英語在國際貿易、
金融、商業、科學及網路的普遍使用而成為強勢語言（Lin & Man,
2009），常被視為雙語教育中的目標語言（Wright & Baker, 2017）。
在此趨勢下，臺灣也在2018年提出「2030雙語國家政策發展藍圖」
（國家發展委員會，2018），希望能提升全民的英語能力。之後又陸
續提出「2030雙語政策整體推動方案」（國家發展委員會等，2021）
及「前瞻基礎建設－人才培育促進就業建設：2030雙語國家政策（110
至113年）」（國家發展委員會、教育部，2020）。

二、雙語教育的定義與目的

（一）雙語教育的定義

「雙語教育」（bilingual education）是一個模糊的術語（Admiraal, Westhoff, & de Bot, 2006；Wright & Baker, 2017），常因移民的同化、協助學生就業、提高學業成就、保護少數民族語言等不同的教育目標而有不同的解釋（Wright & Baker, 2017）。從傳統定義來看，García與Lin（2017）認爲只要是在教育中使用兩種語言，培養學生使用雙文雙語的能力，就是雙語教育。Bialystok（2018）認爲雙語教育是指在課程中使用多於一種語言來教學科內容。Agulló與Herero（2019）則認爲雙語教育通常是指爲已經能使用兩種語言的學生所提供的教育，目的在使學生習得學科內容（academic content）。Agulló與Herero（2019）認爲外語教學（foreign language teaching）也是雙語教育的一種形式，只是外語教學的目的著重在對另一種語言能力的提升，但雙語教育較著重於使學生能在跨文化間使用適切的語言。

Wright與Baker（2017）認爲雙語教育指涉不同的情境。其中一種情境是指少數語言的學生被安排在多數語言的學生當中學習，目的在促進對該多數語言技能的發展；另一種是指以某種外語作爲教學語言。May（2017）則認爲判斷一個課程方案是否爲雙語課程，要看是否以兩種語言作爲教學語言來傳授課程內容。王俞蓓與林子斌（2021，頁21）認爲雙語教育是指「同時應用兩種語言作爲教學媒介的教育方式」。另外也可以從方案哲學或目標來判斷。雙語教育課程因不同的哲學觀點分爲「選修雙語者」（elective bilinguals）及「環境雙語者」（circumstantial bilinguals）（May, 2017, p.83）。「選修雙語者」是指選擇學習其他語言的人，將語言的習得當成是提升社會與教育成就的手段，也稱爲「加法雙語主義」（additive bilingualism）。「環境雙語者」是指那些需要學習其他語言的人，通常是因爲他們的第一語言不是所在社會生活中使用的多數語言，這些人大多數是移民或是說少數民族

語言的人。「環境雙語者」的第一語言常被視爲是阻礙第二語言學習的因素，而且到最後，第二語言可能取代第一語言，並非雙語能力都獲得發展，可說是一種「減法雙語主義」（subtractive bilingualism）。以臺灣的情境爲例，許多家庭安排孩子到補習班學習英語或法語等外語，可以說是一種「選修雙語」；而臺灣的新住民需要學習國語，比較是屬於「環境雙語」。

　　歸納上述學者對雙語教育的定義，其內涵涉及雙語教育的哲學與目標、學科內容、教學者、學習者及環境。筆者認爲雙語教育的定義應納入前述的五個要素，因此筆者將「雙語教育」定義爲：依其不同的哲學與目標，在教育活動或課程中使用兩種語言，而兩種語言的實踐，可以是透過教材或學科內容、環境的營造、教學者或學習者來體現。也就是說，可能是採用雙語教材或雙語學科內容、營造雙語環境、教學者使用雙語或是學習者接觸雙語，皆屬於雙語教育。

（二）雙語教育的目的

　　雙語教育除了有多種定義外，也有各種目的。釐清雙語教育政策的定位和目的，有助於雙語教育的推動（黃昆輝，2022）。Wright 與Baker（2017, p.67）在其他學者（Ferguson, Houghton, & Wells, 1977）提出的10種雙語教育目的上，補充兩種目的，形成雙語教育的12種目的：

　　1. 將個人或群體同化，融入主流社會。
　　2. 爲多族群或多語言國家帶來統一。
　　3. 能夠在本國以外進行溝通。
　　4. 提高適應市場需求及就業的語言能力。
　　5. 保有族群或宗教的認同。
　　6. 促進不同語言及政治社群的和諧。
　　7. 殖民語言使用的推廣。
　　8. 維護菁英群體在社會中的特權地位。

9. 讓弱勢語言具有平等地位及權利。

10. 加深對語言和文化的理解。

11. 保護瀕臨滅絕或少數族群的語言。

12. 提高課程的成效及學習成就。

有別於Wright與Baker（2017）詳列雙語教育目的的作法，Roberts（1995）認爲檢視雙語教育的目的，可以從國家或社會的目的（national or societal goals）、語言目的（linguistic goals）和教育目的（educational goals）等不同層面著手。

筆者認爲Roberts（1995）所提到的三個雙語教育目的，其實具有上下包含的關係。其中的國家或社會的目的是政策層級，包含了語言與教育目的在內。雖然Wright與Baker（2017）把雙語教育目的區分爲12種之多，但若從國家層級的角度來看，這些目的其實是兼容並蓄的。亦即國家層級的雙語政策同時包含這12種目的在內，只是在不同的時期，某些目的會特意被彰顯或強調，在政策中明確表明，有些則可能是隱而未顯。若從雙語教育政策意圖及優先性來看，上述的目的1、2、5、6及7，更關注國家的統一與族群融合，較偏向「政治目的」。而8、9及11較強調社會中不同族群的權力及弱勢語言的保存與平等地位的保障，偏向「社會目的」。3及12偏重提高學習成就與溝通的語言能力，偏向「教育目的」。4重在增進就業能力，偏「經濟目的」。而10旨在加深對語言和文化的理解，偏重「文化目的」。舉例而言，王俞蓓與林子斌（2021，頁21）提到雙語教育的目的是希望漸進增進學生對雙語的精熟度，提升語言溝通能力，而培養具備尊重多元文化的全球素養的學生，是比較彰顯雙語教育的教育與文化目的。當然這種分類方式並非截然劃分，不同的學者可能有不同的分類方式。筆者如此分類，目的是想指出不同階段或時期國家層級政策對雙語教育目的之側重，並非「全有」或「全無」。此分類也將用來檢視臺灣現階段的雙語政策所側重的目的。

三、雙語教育的型態

（一）雙語教育型態劃分的依據

雙語教育的進行有各種型態。型態劃分的依據常涉及目標、手段、使用語言、學習者及社會情境。例如：Garda與Woodley（2015）認爲雙語教育課程常因其目標、使用的語言、服務的對象而有變化，且受到當地的社會文化、社會政治、歷史脈絡、語言及語言使用者的權力（power）等因素影響。Cummins（1997, p.xii）認爲雙語教育課程型態可從雙語教育所扮演的手段或目標角色來區分。若雙語教育成爲實現特定教育目標的手段，那麼熟練及掌握兩種語言就不一定是雙語教育的目標。若把雙語教育視爲目標，就等同於是促進學生雙語技能的教育方案。事實上，雙語教育方案因方案目標、學生群體的主導／從屬、多數／少數等地位、每種語言的教學時間比例以及社會語言學和社會政治學組合而形成相當多類型（Cummins, 1997）。

（二）雙語教育型態的類別

雙語教育型態的探討是雙語教育文獻的焦點之一（例如：施又瑀，2021；段慧瑩，2000；Roberts, 1995），但介紹詳簡不一。筆者認爲Cummins（1997）、Wright與Baker（2017）及May（2017）的分類方式考慮了多數雙語教育型態劃分的依據，包含學習者、少數民族、特殊教育需求的學習者及雙語教育目標，統整之後可以讓讀者對雙語教育的型態有較多元的理解。以下分別介紹之：

1. Cummins的分類

Cummins（1997, pp.xii-xiii）依據雙語教育方案所服務的對象，包括原住民族、少數民族、新移民、特殊教育需求者及多數民族，將雙語教育分爲五類：

　　(1) 使用原住民語言作爲教學語言。例如：紐西蘭毛利人社區發起的毛利沉浸式方案（kura kaupapa Māori）及美國與加拿大的各種母語雙語方案。此類雙語教育方案通常是爲了復興或振興已瀕臨滅絕的語言。

　　(2) 使用具官方語言地位的少數民族語言。例如：在愛爾蘭和蘇格蘭使用蓋爾語（Gaelic），在威爾斯（Wales）使用威爾斯語（Welsh），在西班牙使用巴斯克語（Basque）和加泰羅尼亞語（Catalan）。此類方案的主要目標通常是維護或振興語言。

　　(3) 使用國際少數民族語言，即新進移民的語言。例如：美國的西班牙語及英語的雙語方案即是此類。此類方案的目的是想發揮過渡性的作用來促進學生的學業進步。

　　(4) 著重特定語言和文化弱勢群體。例如：聾人和聽力障礙社區。由於手語的獨特性及其影響，有必要針對聾人和聽力障礙者實施雙語課程。

　　(5) 以占主導地位或多數語言學生爲對象，旨在培養此類學生的雙語技能。例如：加拿大的法語浸入式方案（French immersion programs）即是一例。

2. Wright與Baker的分類

　　Wright與Baker（2017, pp.68-73）介紹了八種雙語教育，包括：語言發展維護的雙語教育（developmental maintenance language bilingual education）、沉浸式雙語教育（immersion bilingual education）、過渡性雙語教育（transitional bilingual education）、兩語雙語教育（dual language bilingual education）、主要國際語言的雙語和多語教育（bilingual and multilingual education in major international languages）、聾生雙語教育（bilingual education for deaf students）、雙語特殊教育（bilingual special education）及資優生雙語教育（gifted and talented bilingual education）。說明如下：

(1) 語言發展維護的雙語教育

此類雙語教育又有不同的名稱，包括「維持」（maintenance）、「發展維持」（developmental maintenance）、「原住民」（indigenous）、「母語」（native）和「傳統語言」（heritage language）雙語教育。主要以少數語言兒童為對象，以其母語為教學語言，使用時間介於50%-90%之間。大部分課程在小學階段提供，目的是讓學生成為母語及主要語言的雙語者，並保存少數語言。例如：紐西蘭的毛利人（Māori）課程。臺灣在2019年公布的《國家語言發展法》中提到此法的目的是「促進國家語言之傳承、復振及發展」（國家語言發展法，2019），也可以歸屬於此類。

(2)沉浸式雙語教育

這是加拿大非常有名的雙語教育課程，是大部分或部分時間以法語為媒介來教以英語為第一語言的學生，讓學生具備兩種地位較高的語言的能力。第二語言沉浸的時間從「完全沉浸」到「部分沉浸」。此型態中的教師具備良好雙語素養，但在年幼學生面前會表現出會說法語，了解但不會說英語。加拿大參與沉浸式雙語教育的兒童，通常能夠成為雙文雙語者，在整個課程中能達到一般的成就水準，對說法語及英語雙語的加拿大人的傳統和文化有更佳的理解，並具備未來就業的優勢。

(3)過渡性雙語教育

此為美國最常見的雙語教育形式，先以母語進行讀寫及內容領域的教學一段時間後，再增加多數語言的使用並減少母語的使用，讓學生盡快過渡到多數語言的單語教學。這種雙語教育課程主要在小學階段，依過渡時間的長短分為「提前退出」（early exit），大概介於幼兒園到三年級及「延遲退出」（late exit），通常到五或六年級。這種雙語教育方案能夠提供兒童適應主流社會的機會，但也有批評者認為此方案是偏向補救性、補償性和隔離性的課程。

(4)兩語雙語教育

此種型態以美國為主，從1963年發展至今。此型態強調班級中同時納入使用少數語言與多數語言的學生。教學的兩種語言分離使用，大

約各占50%的教學時間，也有60：40、80：20及90：10的比重分配，當中少數語言的使用時間較多數語言長。此方案分別以兩種語言如西班牙語和英語，在不同時段教學科內容而讓學生從中習得語言。兩種語言界限劃分通常根據時間、課程內容或教師來分，可能在不同天使用不同語言、不同學科使用不同語言或不同教師使用不同語言。此型態希望學生能夠達到單語教育的課程表現水準及正向的跨文化態度和行為。

(5)主要國際語言的雙語和多語教育

近年來，主要國際語言在教育中的使用愈來愈受到歡迎，如日本、中國、臺灣。許多國際學校應運而生，有些單採英語作為教學語言，有些則是採用兩種或三種主要語言作為教學語言。最有名的是「歐洲學校運動」（European Schools Movement），比國際學校更多語化，最多曾有11種配合學生母語的校部。年幼的兒童先以母語為學習媒介，再學習外語；等年紀稍長，再同時接觸以母語及工作語言，如英語、法語或德語進行教學的課程。

三語及多語教育也有所成長。例如：盧森堡（Luxembourg）在兒童5歲進到正規教育後開始先以盧森堡語（Luxembourgish）為教學語言，隨後再轉換成以德語為更多學科的教學語言直到六年級。法語則是在二年級時成為單一的語言學科，但到中學時，法語則成為教學語言。如此，學生將成為能說三語的人。

此外，歐洲也有一種「內容和語言統整學習」（content and language integrated learning, CLIL）模式，這種模式強調至少某些內容領域是用非母語的目標語言教授的。這種模式具有地域色彩，主要是因為歐洲國家之間的貿易交流不斷增加，希望建立同一政治意識形態的歐洲化社會及多語種歐洲的願景。

(6)聾生雙語教育

許多聾生也是雙語者，會使用手語及其他非聾生所使用的書面語言，也有雙語教育的需求。因多數失聰的兒童有聽力正常的父母，而許多失聰父母的孩子是聽力正常者。針對聾啞學生的雙語教育方案，首先可透過手語進行教學，再以主要語言進行口語及識字能力的培養，最終

目的是希望達到雙語成果。良好的雙語課程有助於培養聾生積極的自我概念，擁有自己獨特的文化和使用語言的方式，提高自尊和自我認同，並提升學習表現。

(7)雙語特殊教育

當代特殊教育趨勢是依障礙程度，將學生安置在「最少限制的環境」（least restrictive environment），盡可能地讓學生融入常規班級中，並為教師和學生提供專門的支持。這種專門的支持不應只侷限於主要語言，也可以在雙語教室中進行，在教學及支持上使用雙語，為學生提供最大化的有效學習機會。

為了有效鑑別特殊教育學生及安置，應該由具有雙語發展及學習障礙領域專業的教育團隊，選用適合雙語學生的篩選工具和測驗來進行，並考慮廣泛的語言、文化和發展等因素。

(8)資優生雙語教育

雙語教育的學術文獻中較少針對高能力或資賦優異的雙語及多語者的探討。美國對資優生提供雙語教育的例子也很有限。例如：密爾沃基（Milwaukee）、紐約市（New York City）和聖安東尼奧（San Antonio）有提供相關的方案。儘管雙語和認知的文獻指出，雙語者在後設語言能力、創造性思維和對溝通的敏感性等方面具有共同的認知天賦，但在學校環境中，很少對這些天賦進行鑑別。且一般鑑別資優生的方法是透過語言及非語言的測驗，往往缺乏兼具語言與文化的適切評量工具。總之，資優教育也應為雙語能力強的資優生提供雙語教學，傳統的雙語教育課程也可以提供與資優課程相同類型的豐富課程和活動。

3. May的分類方式

May（2017, pp.85-87）認為若從雙語教育的特定語言或其教育目標來看，各種雙語教育都可歸類為四種主要型態：「過渡模式」（transitional models）、「維護模式」（maintenance models）、「充實模式」（enrichment models）及「傳統語言模式」（heritage language models）。

(1)過渡模式

此模式是在學校教育的早期階段使用少數族語學生的第一語言作爲教學語言大約1-2年，然後讓學生改以多數人使用的語言（第二語言）爲教學語言。多數的過渡性課程是屬於「早期退出」（early-exit）課程，即第一語言的使用時間比較短，是屬於減法（subtractive）和弱（weak）雙語模式，因其主要目的是以主要語言的第二語言取代少數語言的第一語言。少數語言最終可能萎縮，且雙語本身並不必然被認爲是對個人或整個社會有益。

(2)維護模式

此模式旨在維護少數學生的民族語言，加強學生的文化和語言認同感，並確認他們的個人與集體民族語言權利，是屬於加法（additive）與強大（strong）及「延遲退出」（late-exit）的雙語模式。

此類方案的學習者是以國內少數族群成員爲主，而且他們的第一語言已經發展到特定年齡水準。教學語言通常以第一語言爲主，如果教學語言採用雙語，第一語言的比重至少占50%以上，以保證足夠總量的時間來達成第一語言的學術熟練程度。而對第一語言的熟練也能反過來促進第二語言讀寫能力的習得。此方案通常以第一語言的教學時間較長，至少4-6年。

(3)充實模式

充實模式的雙語教育與維持模式關係密切。維持模式旨在維持少數語言學生的第一語言，但充實模式通常是以少數語言爲目標語，來教多數語言的學生。典型的例子就是加拿大的沉浸式課程，大部分的學生都是英語爲第一語言的學生，然後以法語爲教學語言。充實模式的課程除了致力於讓個人獲得雙文雙語的能力之外，也致力於持續發展及擴展少數語言。

(4)傳統語言模式

傳統語言模式介於維護模式及充實模式，端視傳統語言如何被運用。例如：紐西蘭以毛利語爲教學語言的振興原著民語的方案，即偏向維護模式。但有些雙語教育方案是同時爲第一和第二語言的學生提供

服務，有些則只有第二語言的學生，此類型的課程就比較偏向充實模式。也有一種是針對傳統語言已成爲第二語言的移民，希望能恢復其原爲第一語言的傳統語言，這種情況下也偏向充實模式。

　　上述三位學者所提的雙語教育型態中，有些名稱雖然不同，但指稱的型態相同，可以整合。例如：Cummins（1997）提到的「以占主導地位或多數語言學生爲對象」的雙語教育和Wright與Baker（2017）的「沉浸式雙語教育」及May（2017）所說的「充實模式」，其實都屬於加拿大發展的沉浸式雙語教育。Wright與Baker（2017）提到的「語言發展維護的雙語教育」及「過渡性雙語教育」，等同於May（2017）的「維護模式」和「過渡模式」。此外，不同學者的分類中，彼此也出現包含的關係。例如：Wright與Baker（2017）的「聾生雙語教育」及「雙語特殊教育」模式可歸屬於Cummins（1997）的「著重特定語言和文化弱勢群體」的類別。然而，無論哪一種雙語教育型態，都是爲學習者服務，所以筆者將上述三位學者所提的各類雙語教育型態，依方案所服務的學習者加以歸類，並列出其雙語教育的主要目的及教學方式如表1-1。其中，筆者把「主要國際語言雙語或多語教育」歸類爲以混合少數與多數語言學生爲對象的型態之一，是考量主要國際語言通常是所有學生都需要學習的，其他則依雙語教育的性質歸類。

參、雙語教育本質對臺灣制定雙語教育政策的啟示

　　以上探討了雙語教育的本質後，接著從雙語教育的定義、目的及型態來分析臺灣推動雙語教育政策的三份重要文件，包括「2030雙語國家政策發展藍圖」（國家發展委員會，2018）、「2030雙語政策整體推動方案」（國家發展委員會等，2021）及「前瞻基礎建設－人才培育促進就業建設：2030雙語國家政策（110至113年）」（國家發展委員會、教育部，2020），並提出四點建議，供臺灣制定或修訂雙語教育政策參考。

表1-1

以不同學習對象為焦點的雙語教育模式

服務對象	原住民／少數群體	新近移民	多數群體	身心障礙	資賦優異	混合少數與多數語言兩類學生
模式	維護模式、傳統語言模式	過渡模式	沉浸式模式、充實模式	雙語特殊教育、聾生雙語教育模式	雙語資優教育	兩語雙語教育、主要國際語言雙語或多語教育
目的	復興或振興已瀕臨滅絕的語言	發揮過渡性作用以促進學生的學業進步，讓兒童有適應主流社會的機會。	培養學生的兩種語言和雙語技能，也持續發展及擴展少數語言。	提高學習者自尊和自我認同，並改善學校的學習表現。	因應差異，滿足雙語能力強的資優生的需求。	學生能達到單語教育的課程表現水準及正向的跨文化態度和行為。
教學方式	以兒童的母語進行教學，且時間介於50%-90%之間。大部分課程在小學階段提供。	先以母語進行讀寫及內容領域的教學後，再增加主要語言並減少母語的使用，讓學生盡快過渡到多數語言的單語教學。主要在小學階段。	大部分或部分時間以第二語言為媒介，教授以主要語言為第一語言的學生。第二語言教學的時間介於50%-100%之間。	以雙語提供教學與專門的特教服務及鑑別學生；以聾生為例，先通過手語教學，再以主要語言進行口語和識字能力的培養。	可以採用傳統的雙語教育課程，也可以提供與資優課程相配的充實課程與活動。	分離使用兩種語言，大約各占50%的教學時間，也有60：40、80：20及90：10的時間比例，但少數語言的使用時間較多長。

資料來源：筆者彙整。

一、應在政策中明確界定「雙語」及「雙語教育」的意義

「雙語教育」是一個模糊的術語（Admiraal et al., 2006；Wright & Baker, 2017），常因目標而有不同的定義。「雙語」可能包括少數民族的母語及英語、德語或法語等目標語言。「雙語教育」也有各種定義，可能是「選修雙語」或「環境雙語」（May, 2017, p.83）。一般而言，國家層級的雙語教育政策，理應開宗明義先界定「雙語」及「雙語教育」的意涵，因為政策是計畫及執行的藍圖，具有指引作用，若未明確界定相關概念，可能造成政策推動的落差。

筆者檢視臺灣推動雙語教育的三份政策文件：「2030雙語國家政策發展藍圖」、「2030雙語政策整體推動方案」及「前瞻基礎建設－人才培育促進就業建設：2030雙語國家政策（110至113年）」，並未發現當中有明確指出「雙語」是指哪兩種語言。只有在「2030雙語國家政策發展藍圖」的第5頁的「共同策略」提及「盤點業務涉外國人之相關表單及線上申辦系統，由『中文』或『中英文分列』改為『中英文並列』」及第11頁的「建置『外國人在臺工作服務網』及『外國專業人員申審整合系統』中英語網頁、中英語雙語對照之申請表件」中，可以辨認「雙語」是指「中語」與英語。而在「2030雙語政策整體推動方案」的整份文件中，也只有在第1頁的摘要及第4頁的前言提到「期基於臺灣已掌握華語使用的優勢，在專業知識之上，進一步強化我國人，尤其年輕世代的英文溝通能力，增強全球競爭力」，讓讀者理解雙語是「華語」與英語。但在「前瞻基礎建設－人才培育促進就業建設：2030雙語國家政策（110至113年）」文件中未提到「中文」或「華語」。所以，「雙語」指的是「中語」／「華語」與「英語」？那麼「中語」／「華語」指的又是哪一種或哪幾種語言？客語、臺語及原住民語算不算？實有必要在政策中明確界定。

至於何謂「雙語教育」？筆者以「雙語教育」為關鍵詞搜尋三份政策文件，發現「2030雙語國家政策發展藍圖」文件提及3次；「2030雙語政策整體推動方案」提及4次；「前瞻基礎建設－人才培育促進

就業建設：2030雙語國家政策（110至113年）」提及5次。雖然三份政策文件中共提及12次的「雙語教育」，但並沒有說明何謂「雙語教育」。由於「雙語教育」可指在教育中使用兩種語言（García & Lin, 2017），也可以是外語教學（Agulló & Herero, 2019），前述三份政策文件的標題都強調「雙語」，但主要的計畫內容，包括前言、推動理念、目標及策略等，都是以提升英語能力為目標，包括英語科的全英教學及其他領域的英語教學等（國家發展委員會，2018；國家發展委員會等，2021；國家發展委員會、教育部，2020）。可見，在目前臺灣推動雙語教育的特定脈絡中，雙語教育的定義在實質上似乎比較偏向Agulló與Herero（2019）所說的外語教學。然而雙語教育並不等於全英教學（林子斌，2020；范莎惠，2020）或外語教學，到底「雙語教育」所指為何？有必要在政策中詳細說明。

二、應擴展政策中的雙語教育目的

雙語教育有各種目的（Wright & Baker, 2017），包括政治的、社會的、經濟的、教育的及文化的目的。而「2030雙語國家政策發展藍圖」（國家發展委員會，2018，頁4）中指出，希望到2030年，能達成兩個主要目標：(1)厚植國人英語力：完善英語學習平臺及媒體資源，強化雙語教育體系，全面強化國人運用英語聽、說、讀、寫的軟實力及(2)提升國家競爭力：強化我國企業競爭力，提供人民優質工作機會，進而提升臺灣經濟發展。由此看來，當前臺灣推動雙語教育的主要目的著重英語能力的培養，而終極目的偏向經濟面向。但雙語教育不應只重英語能力的提升及為經濟發展服務，也應考慮其他雙語教育的目的。筆者認為，國家層級的政策處於最上位，當中除了當前側重的經濟目的之外，應該有其他如社會、政治及文化面向的目的。這些目的也可能存在，只是未被覺察。因此，在制定國家雙語教育政策時，有必要全面地思考哪些是此次要彰顯的目的，哪些是附屬目的，適當地擴展其他目標，例如：提升學生雙文雙語的能力，加深對語言和文化的理解及提高

課程的成就及學習成效。

三、應在政策中揭示主要及其他適應學生個別差異的雙語教育型態

　　雙語教育的型態有語言發展維護的雙語教育、沉浸式雙語教育、過渡性雙語教育、兩語雙語教育、主要國際語言的雙語教育、聾生的雙語教育、雙語特殊教育及資優雙語教育等（Wright & Baker, 2017）。這些型態可滿足不同的政策目標及服務不同需求的學習者。在臺灣推動雙語教育的三份政策文件中，並沒有特別說明採用何種雙語教育型態，也未說明如何在課堂中實施雙語教育，只有在「2030雙語政策整體推動方案」及「前瞻基礎建設－人才培育促進就業建設：2030雙語國家政策（110至113年）」中提到沉浸式雙語教學及沉浸雙語學習環境。但是「沉浸」有「部分沉浸」，也有「完全沉浸」（Wright & Baker, 2017），政策文件中並未界定什麼是「沉浸式雙語教學」，也沒有指出沉浸程度，似乎假設所有推動雙語教育的人員，都能理解什麼是「沉浸式雙語教學」，也未提及其他重要的雙語教育型態。倒是筆者搜尋了「2030雙語政策整體推動方案」的內容，當中提及「英語」一詞共179次，似乎說明「英語」此國際強勢語言才是此次臺灣雙語政策的焦點。依此看，臺灣雙語政策中的雙語教育應該偏向「主要國際語言的雙語教育」（Wright & Baker, 2017），並結合「沉浸」方式來推動。如果這是此次制定雙語政策的意圖，筆者認為有必要明確揭示主要的雙語教育型態，並說明實施的策略。

　　此外，不同的雙語教育型態服務的對象有別。如同筆者歸納的表1-1中提及，學習者可能是原住民、少數語言、多數語言、特殊教育需求或新移民，各有適配的雙語教育型態。臺灣此波雙語教育改革是從國家層級來推動，納入所有教育階段的學習者，而學習者有各種不同的需求與個別差異，單一的雙語教育型態很難適用於所有學習者。所以，臺灣在制定雙語政策時，除了提出主要的雙語教育型態之外，也應該提供

其他因應學生個別差異的適用型態，讓雙語教育的實施更具彈性。例如：可以應用過渡性雙語教育，在小學階段以中文教學，另設有英語學科但節數可以增加，到國中以後，開始以英文爲主要教學語言；或採用兩語雙語教育模式，有些學科以中文爲教學語言，其他學科以英文爲教學語言，在不同時間、不同課堂以一種語言進行教學。至於特殊教育的學生，也應發展適合他們的雙語教育型態。

四、應納入特殊教育需求學生的雙語教育

如果從雙語教育的服務對象來看，少數語言的學生、移民、多數語言的學生、身心障礙學生及資賦優異學生皆應納入。尤其臺灣在推動雙語政策時，是以全民爲對象，希望「厚植國人英語力」（國家發展委員會，2018）。但在相關政策文件中，有關學校雙語教育的推動，只提及高等教育及高中以下學校，並沒有特別提到特殊教育層面。但特殊教育學生也有雙語教育的需求（Wright & Baker, 2017），包括身心障礙學生及資賦優異學生，實有必要在政策中明確指出政策適用的對象是包括身心障礙及資賦優異等有特殊教育需求的學生，並且發展適性的特殊教育雙語教育課程。

肆、結語

因應全球化及國際競爭等趨勢，臺灣全面推動以英語爲目標語言的雙語教育勢在必行。然而，推動教育改革影響層面廣泛，在制定國家層級的政策時，有必要愼思改革的本質。因此，臺灣推動雙語政策時，有必要先了解及思考雙語教育的本質，然後再形成政策，並且在政策中明確說明重要概念的意涵。

本文探討雙語教育的本質，包括雙語教育的源起、定義、目的及型態。再從雙語教育的定義、目的及型態，分析臺灣有關雙語教育的三份政策文件，包括「2030雙語國家政策發展藍圖」（國家發展委員

會，2018）、「2030雙語政策整體推動方案」（國家發展委員會等，2021）及「前瞻基礎建設－人才培育促進就業建設：2030雙語國家政策（110至113年）」（國家發展委員會、教育部，2020），對臺灣制定或修訂雙語教育政策提出四點建議。亦即：應在政策中明確界定「雙語」及「雙語教育」的意義、應擴展政策中的雙語教育目的、應在政策中揭示主要及其他適應學生個別差異的雙語教育型態及應納入特殊教育需求學生的雙語教育。

　　當然，制定及推動全面性的雙語教育政策，是一項艱鉅複雜的工程，也涉及相當多的議題。例如：模式、課程、教師及學生的角色、評量與評鑑的原則、教材的發展、教學方法（Agulló & Herero, 2019）及環境（林子斌，2020）等。本文從雙語教育的本質，對政策內容提供建議，希望發揮拋磚引玉的效果，邀請大家共同探討雙語教育的議題。

參考文獻

王俞蓓、林子斌（2021）。雙語教育的推行模式：從新加坡、加拿大的經驗反思臺灣雙語政策。中等教育，**72**(1)，18-31。

何萬順、江文瑜（2021）。2030雙語國家：理性與價值的謬誤。載於黃昆輝主編，**臺灣的雙語教育：挑戰與對策**（67-95頁）。臺北：財團法人黃昆輝教授教育基金會。

林子斌（2020）。臺灣雙語教育的未來：本土模式之建構。**臺灣教育評論月刊**，**9**(10)，8-13。

侯彥伶（2019）。臺灣英語力全球第38落後南韓、印度、菲律賓：雙語教育勢在必行：如何讓臺灣孩子對英語更「有感」？**禪天下**，**177**，20-27。

施又瑀（2021）。打造未來人才的國際力－國小雙語教育之探討。**南投文教**，**38**，88-96。

段慧瑩（2000）。雙語教育模式（Bilingual Education Model）。**教育大辭書**。取自 https://terms.naer.edu.tw/detail/1315269/

范莎惠（2020）。再思雙語教育。**臺灣教育評論月刊**，**9**(10)，88-91。

國家發展委員會（2018）。**2030雙語國家政策發展藍圖**。取自 https://bilingual.ndc.gov.tw/sites/bl4/files/news_event_docs/2030%E9%9B%99%E8%AA%9E%E5%9C%8B%E5%AE%B6%E6%94%BF%E7%AD%96%E7%99%BC%E5%B1%95%E8%97%8D%E5%9C%96.pdf

國家發展委員會、教育部（2020）。前瞻基礎建設－人才培育促進就業建設：**2030雙語國家政策**（**110至113年**）。取自 https://ws.moe.edu.tw/Download.ashx?u=C099358C81D4876C725695F2070B467E436AA799542CD43DD55F44F76C8950FA2868FA3B845DDD42151F87C68A9E3A4692B74979FB784CAE551FBD48AE74F6F884C12659531834440EF1B04DFF33AF96&n=C17BBB7258E39E8BE0A03C9656883C6D74061EB90ECDB903AE5B01C934028F48430A0DBF2A5EC65C7C2109119ED6CB15BBB0353C4D0B424297553464E627092B743DD011047B4854CF9D7B05B6D88D3EDD2CA7706FBAA5D9BDC11466927CC67464505E7386EF809A&icon=..pdf

國家發展委員會、教育部、人事行政總處、考選部、公務人員保障暨培訓委員會
　　（2021）。**2030雙語政策整體推動方案**。取自https://ws.ndc.gov.tw/Download.ash
　　x?u=LzAwMS9hZG1pbmlzdHJhdG9yLzEwL3JlbGZpbGUvMC8xNDUzMi83NDBl
　　MTY5Ny1lZmIwLTRjZGItYjYxMi03M2UzMTVhMTM5ZjIucGRm&n=MjAzMOm
　　bmeiqnuaUv%2betli5wZGY%3d&icon=..pdf
國家語言發展法（2019）。取自https://law.moj.gov.tw/LawClass/LawAll.
　　aspx?pcode=H0170143
張玉芳（2020）。淺談2030雙語國家政策。**臺灣教育評論月刊，9**(10)，19-21。
許祖嘉（2021）。2030雙語教育政策與技職教育環境的省思。**臺灣教育評論月刊，
　　10**(12)，1-5。
黃昆輝（主編）（2022）。**雙語培力・接軌國際－「臺灣的雙語教育研討會」綜合建
　　言**。臺北：財團法人黃昆輝教授教育基金會。
黃家凱（2021）。邁向2030雙語國家之路：政策社會學之觀點分析。**中等教育，
　　72**(1)，32-47。
黃琇屏（2021）。公立中小學雙語教育實施現況與挑戰。**臺灣教育評論月刊，
　　10**(12)，6-11。
廖偉民（2020）。2020臺灣公立國小推展雙語教育之探討。**臺灣教育評論月刊，
　　9**(9)，90-96。
諪筆群（2021，6月28日）。臺灣雙語教育下「天龍地虎之別」的困境。**風傳媒**。取
　　自 https://www.storm.mg/article/3719616?page=1
鮑瑤鋒（2021）。臺灣雙語教育政策檢討。**臺灣教育評論月刊，10**(12)，12-18。
簡雅臻（2021）。啟發學童探究思考的雙語教育課程設計。**師友雙月刊，626**，70-
　　77。

Admiraal, W., Westhoff, G. & de Bot, K. (2006). Evaluation of bilingual second-
　　ary education in the Netherlands: Students' language proficiency in English.
　　Educational Research and Evaluation, *12*(1), 75-93. Retrieved from https://doi.
　　org/10.1080/13803610500392160
Agulló, J. A., & Herero, E. C. (2019). Bilingual education research: A bibliometric study.
　　ELIA , *I*, 235-370. Retrieved from http://dx.doi.org/10.12795/elia.mon.2019.i1.13

Bialystok, E. (2018). Bilingual education for young children: Review of the effects and consequences. *Ellen Int J Biling Educ Biling, 21*(6), 666-679. doi:10.1080/13670050.2016. 1203859.

Cummins, J. (1997). Introduction. In J. Cummins & D. Corson (Eds.), *Bilingual education. Vol. 5. International Encyclopedia of Language and Education* (pp. xi-xiv). Dordrecht: Kluwer Academic Publishers.

García, O., & Lin, A. M. Y. (2017). Extending understandings of bilingual and multilingual education. In O. García, A. M. Y. Lin, & M. Stephen (Eds.) (3rd ed.)*, Bilingual and Multilingual Education, Encyclopedia of Language and Education* (pp. 1-20). Switzerland: Springer.

Garda, O., & Woodley, H. H. (2015). Bilingual education. In M. Bigelow & J. Ensser-Kananen (Eds.), *The Routledge handbook of educational linguistics* (pp. 132-144). New York, NY: Taylor & Francis.

Grosjean, F. (1997). The bilingual individual. *Interpreting, 2*, 1-2.

Lin, A., & Man, E. Y. (2009). *Bilingual education: Southeast Asian perspectives*. Hong Kong University Press.

May, S. (2017). Bilingual education: What the research tells us. In O. García, A. M. Y. Lin, & M. Stephen (Eds.) (3rd ed.) *Bilingual and multilingual Education* (pp. 81-96). Switzerland: Springer.

Mwaniki, M., Arias, M. B., & Wiley, T. G. (2017). Bilingual education policy. In O. García, A. M. Y. Lin, & M. Stephen (Eds.) (3rd ed.), *Bilingual and Multilingual Education, Encyclopedia of Language and Education* (pp. 35-50). Switzerland: Springer.

Roberts, C. A. (1995). Bilingual education program models: A framework for understanding. *The Bilingual Research Journal, 19*(3), 369-378.

Wright, W. E., & Baker, C. (2017). Key concepts in bilingual education. In O. García, A. M. Y. Lin, & M. Stephen (Eds.) (3rd ed.), *Bilingual and Multilingual Education, Encyclopedia of Language and Education* (pp. 66-78). Switzerland: Springer.

第二章

亞洲各國大學推動EMI
對臺灣的啟示

陳純音
國立臺灣師範大學英語系特聘教授兼系主任
林慶隆
國家教育研究院語文教育及編譯研究中心主任

壹、前言

　　面對全球化及國際化浪潮，英語能力是臺灣走向世界的必要能力之一，行政院於2018年提出政策，並於2021年9月由國家發展委員會、教育部、人事行政總處、考選部及公務人員保障暨培訓委員會共同提出「2030雙語政策整體推動方案」；其中在培育人才及打造優質就業機會方面，提出培育臺灣人才接軌國際與呼應國際企業來臺深耕，讓臺灣產業連結全球，打造優質就業機會二大願景。在該推動方案，教育部與英國文化協會（British Council）合作，於2020-2021年針對臺灣438所國、高中的5,772名學生進行的調查研究，發現我國高三學生聽力與閱讀達CEFR B1等級以上分別為67.53%、54.29%，顯示我國多數高中學生具備相當聽讀能力。另外，達到CEFR C等級有4.3%，B2等級則有17.1%，兩者相加為21.4%，單從整體平均而言，表示有超過五分之一的高三學生已有修習全英語課程的基本能力，這是臺灣推動大專院校EMI課程相當有利的條件。然而，進一步從聽、說、讀、寫四項英語技能分析，比例分別是27.68%（聽）、27.32%（讀）、19.81%（寫）、8.27%（說），顯示即使英語程度好的學生，雖然在閱讀全英文教科書與聽講全英語授課沒太多問題，但是要撰寫英語報告或參與課堂討論就可能有許多人會遭遇困難（國家發展委員會等，2021）。「能說、會寫」是這些學生要參與EMI課程首要大幅提升的能力。更何況尚有很大比例的學生，整體平均英語程度未達B2等級。在大學校院EMI課程與教師教學方面，歷經教育部在教學卓越、頂尖大學、高教深耕、玉山、彈薪等計畫投注資源，目前全國大學校院的EMI課程已約占全部課程的4.5%；而且，已有近7,000名（19%）專任教師曾進行全英語授課課程（國家發展委員會等，2021）。

　　此外，Eliassen（2021）透過國立政治大學「選舉研究中心」的PollcracyLab進行網路調查，507位中文問卷調查受試者的英語能力，發現大多數的填答者（64.7%）表示其幾乎用不到英文，大部分的受試者由本土教師教英文，有三分之一認為大部分應由外師教，再搭配一些

臺灣教師。近半數受試者認為英語課應該要大部分以英文授課，搭配中文來解釋較難的概念，顯示英語沉浸式教學並未完全被大眾所接受。對於學習英文能增加國際競爭力，大部分人支持，但若需要犧牲本土語言以強化英語教育，有過半數的人不同意。這研究結果顯示，臺灣推動雙語政策，有各面向的疑慮；關於語言多樣性和國家政策重視特定語言的辯論也一直存在，有些人認為使用母語是人權的展現，不該因此受到威脅。以新加坡的雙語政策為例，他們重視英語，加強學生未來就業的能力，而在多元族群匯合的工作場域可以維持他們各自的文化身分認同，不因雙語政策而忽視傳統價值。英語作為工作語言，幫助他們與多元種族、跨國人才有了順暢的溝通方式，提升新加坡民眾的競爭力。

　　雖然臺灣要在大學校院實施EMI已有一些基礎，惟尚有很高比例的課程及教師需要提供協助。因此，教育部規劃推動「大專校院學生雙語化學習計畫」，在未來十年投入資源。大學也配合政策，開設愈來愈多的英語授課學分學程（English Taught Programs, ETP），也鼓勵教學媒介（Medium of Instruction, MOI）以英語進行，也就是所謂的全英語授課，除了讓學生有更好的雙語力與國際競爭力，而且招收國際學生，降低少子化的衝擊。

　　然而，英語作為工作語言雖為國家帶來競爭力和優勢，但也有一些反對自由經濟推波助瀾下，推行通用語（lingua franca）政策的討論，最常提及的原因不外乎是此政策可能擠壓到其他語言的生存空間。要達成一個或多個社群中使用語言的計畫，須由一個想法、法規、信念和實踐組成（Kaplan & Baldauf, 1997），但這些需要一定的時間凝聚社會共識。

　　英語作為世界通用語的重要性，隨著全球化而提升，而且，基於從英語學習學科內容可以促使學生學習語言及學科知識，讓學習更加成功且提升學生在職場的競爭力，EMI在歐洲各地及其他以英語為目標語或外語（English as a Foreign Language, EFL）的國家已經行之有年。在亞洲，包含中國、日本、南韓政府皆藉由各種方法大力推行高等教育的EMI（Jon, Cho, & Byun, 2020）。愈來愈多的高等教育機構將EMI

作爲新興政策之一，致力於提供研究生和大學生英語授課課程（Earls,
2016），目的是爲了讓高等教育更加國際化，以吸引國外學生就讀。
EMI課程的比率及國際教師與學生的比例成爲決定大學是否國際化的兩
大主要指標。

而且，臺灣目前有些人存有「好教育＝英語教學」的迷思（Chuo,
2021），也關注在臺灣多語環境下，要如何同時提倡英語並保存國家
語言。此外，大學EMI學程的建構方式與指引以及其政策的相關面向亦
須深入探討。再者，大部分的學習皆是透過課堂互動而來的（Littleton
& Mercer, 2013），EMI課堂互動模式也是需進一步探討的議題。另
外，在學習時數有限下，要學生同時兼顧到專業及英語的學習，實屬不
易；要教師同時強化英語授課能力並照顧到學科專業內容及學生不同英
文程度，亦是一大難題。上述問題，亞洲各國大學推動EMI的經驗，他
山之石或許可以攻錯，可提供借鏡；因此，本文採文獻回顧法，就蒐
集到之相關研究文獻，分析亞洲各國大學推動EMI成效，並提出一些建
議。

貳、亞洲各國大學推動EMI研究分析

本節各國大學校院推推動EMI的成效之研究，分析如下：

一、中國

中國的EMI跟歐洲國家相較推動較晚，他們教育部在評估高等院
校的重要標準學習後制定了EMI課程（Hu & McKay, 2012），許多
大學便陸續提供了各種鼓勵教師使用英語教學的措施（Tong & Shi,
2012）。然而EMI在中國大陸的推廣早於對其可行性和有效性進行實
證研究。根據Zhu和Yu（2010）在中國現有的研究發現中，仍缺乏有
關於EMI課堂上的實證研究以及EMI教學對學生漢語學科和語言學習的
影響。過去十年，EMI在中國之實施已從高社經區域擴展至全國，專業

英語課程（ESP）的提倡也隨之而來，然而EMI、ESP課程在實際推行上，均未達到預期成果。Hu、Li與Lei（2014）以中國爲例，進行個案研究，研究對象爲5位教授EMI課程的大學教師與10位修習該課程的學生，爲求凸顯EMI授課成效，亦納入相對應以中文授課的教授和學生做比較。資料來源包括國家和機構政策、與英語授課相關的文件和訪談。研究發現，語言意識形態、語言管理和EMI項目中的語言實踐息息相關。EMI設想的理想語言行爲歸因於教師和學生英語不足，語言意識形態與實際實踐脫節，且EMI的實施加劇社會不平等。

有鑑於此，Jiang等人（2019）探討中國教師對於EMI授課的理念與實施、以及學生在英語學習上的動機與需求，研究對象爲中國北方一所醫學院的200位大二學生，每位學生於入學時，均通過英語篩選測驗，且參與研究時，已修畢兩學期的全英語授課、專業英語課程。該研究採取混合研究（Creswell, 2013），資料蒐集9次課堂觀察與錄音、3場觀課後訪談及1份問卷。研究發現，儘管該學院標榜全英語授課，實際施行卻與理想相差甚遠，意即英語使用在實際課堂中非常有限。從課堂觀察與訪談之分析可看出，英語能力不足是造成實際情況與學校政策目標差異的主因，授課教師對英語教學的認知則爲次要原因。EMI教師傾向將學科內容列爲授課重點，英語能力的提升則爲其次，故在有限的課堂節數中，教師不融入英語，以確保授課進度。雖然，教師仍有偶爾的文法、發音等錯誤，惟實際上的英語能力大致足以應付教學，因此英語能力不足主要探討的對象爲學生。當學生在學習複雜的學科概念時，他們的認知能力同時面臨學科內容及外語的挑戰，教師採用語用策略、額外提示，以提升教學的流暢性與成效（Toribio, 2004），其輔助策略包含使用語碼轉換（code-switching），減低學生的理解困難。此外，學生對專業英語課程的動機和需求，與其所修的其他全英語課程相關性高，如閱讀原文文獻，和其未來職業發展相關，如作爲醫學專家、發表英文論文等。綜言之，在該學院的EMI架構下，教學目標雖達成了，但英語教學的發展卻相當有限。若現存的全英語授課之理想，同時包含英語與專業知識之學習，則中國的EMI教師除具備足夠的英語

能力外，還須具備精進的英語教學技能，此點與An、Macaro與Childs（2021）對中國中學國際部或私立中學採用英語爲教學媒介的方式教導英語課程的研究發現相似，研究發現，儘管教師英語能力佳，課堂互動多半仍以教師爲主，而學生的參與是有限的。

就以上研究發現可看出，在中國EMI課堂中，目前面臨的問題是學生英語程度不佳、教師英語教學技巧以及師生互動模式須改善。

二、日本

爲了提升高等教育的國際競爭力，愈來愈多國家開設EMI學程，日本也不例外。他們的EMI課程數量持續成長，至2015年大約40%的大學提供EMI課程（Bradford, 2019），EMI也變成政府爲了解決內憂（低生育率和經濟停滯）外患（參與國際事務和下滑的國際名次）的對策。早期EMI學程是針對國際學生，增加日本在國際的能見度；後期EMI則希望招收海外學生到日本就讀，提升大學的國際排名。EMI課程的開設也期待能培育本國學生成爲全球性人才。因此，日本文部科學省希望透過「國內國際化」的方式，在教學過程中培養他們的跨文化和國際觀（Knight, 2008），而主要方法則是藉由在大學EMI課程中使用英語作爲教學語言，國際化也儼然成爲英語化的同義詞（Galloway, Numajiri, & Rees, 2020）。

Bradford（2019）研究3所日本政府補助的大學社會科學學生、19位教師及6位行政人員對EMI授課的看法。研究發現，教師反映修課學生和其他教師的英語程度會影響授課的成效和進度。此外，教師EMI授課的意願低落，導致課程規劃無法有足夠、合適的教師來執行，學生亦無法修得足夠的英語授課課程來建立起連貫的學習。負責規劃課程的行政人員表示授課、招聘師資和課程的連貫性一直是主要的問題。此外，授課教師放大語言程度不足帶來的問題，認爲專業研習等於英語訓練，對專業研習內容無概念也未參與有助於改進EMI課程的研習課程。研究亦發現，受訪者認爲EMI的成功與否，奠基在英文程度而非跨文化

教學法或溝通學習的過程，此認知和過去媒體抨擊日本爲英文能力落後國家相關，日本英語教學討論皆在強調英語能力的問題，後續討論亦受此預設立場影響（Seargeant, 2009）。

　　有鑑於EMI課程可提供獨特環境強化學生批判性思考（critical thinking, CT）的概念（包含理解多元和多樣化的文化、邏輯思維、解決問題的能力、自主權、自我管理和道德感等），Gyenes（2021）探討兩組修習各種不同日本大學EMI課程學生的理解，研究對象爲日本2所國立大學的2組本科生在課堂上的表現，2組都是剛完成了一學期以英語授課的批判性思考課程，這些課程每門課程由不同的教師授課。2組學生都使用英語作爲學習其他內容課程中的批判性思考工具，且2門課程皆採用講師自製的材料。另外，2組課程的目標皆是培養學術和媒體素養，而不是語言能力。研究發現，批判性思考與靈活、開闊的態度之間的連結是同質化日本群體的特徵，非國際學生群體的特徵。日本學生對靈活性和觀點採取此種傾向，早在之前的研究中有所發現。例如，Manalo、Kusumi、Koyasa、Michita與Tanaka（2015）發現15位來自沖繩和京都兩所大學的日本學生將「考慮他人」視爲批判性思考的特性，他們認爲此差異可能與教育環境和文化有關。日本公立學校系統的課堂實踐仍以教師爲中心的模式主導（Yamamoto et al., 2016），在此環境中成功的學生，很可能傾向仔細聆聽或理解多種觀點，但在EMI環境中，同儕間須用英語溝通，而語言熟練程度和批判性思考的表現（Lun, Fischer, & Ward, 2010）可以塑造他們的有效批判性思想家的形象。研究2個學生群體概括了日本教育國際化的雙重目標，即將國際人才帶入日本大學和培養日本學生的全球能力，顯示學生從各個角度看待批判性思考的方式存有差異。即便批判性思考在日本的教育中是個有爭議的概念，但此研究發現學生仍有自主性，能在養成自己的觀點的同時，引導、過濾並細微分別出自己的理解。

　　日本目前有關EMI推動成效看來，除呼應在中國EMI課堂的學生程度問題外，亦提及EMI課程有助於學生形塑自己成爲一位具有批判性思考的人，但協同學科教師的英文程度以及參與EMI專業研習的必要性不

容忽視。

三、韓國

　　南韓高等教育EMI之盛行，主要有兩大推力，一是獲得政府經費補助，二是在報章媒體之大學聲譽評比排行上占有一席之地。首爾主要私立大學更於2011年開始提升EMI教學占比，從20%至40%（Jon et al., 2020）。EMI實施上，師生大多表示有其困難且成效不彰（Byun et al., 2011）。然而，Kim（2002）調查210名修習「社會與文化」綜合社會科學課程的大學生，大多數的學生是韓國人，8名非韓國學生（6名來自中亞國家，1名來自加納，1名來自越南），他們具備良好的英文閱讀能力，藉由課堂觀察、問卷調查和學生訪談，蒐集資料。研究發現，大學生對於EMI課堂的看法，結果顯示學生基本上對於學習氛圍，學習動機及補充材料都很正面，但是對於工作量增加及心理負擔感到負面。Jeon（2002）比較英語母語及韓籍教師的課堂，發現學生雖對於修習英語課有壓力，但英語母語教師對於他們持較積極的態度。反觀韓籍教師，則須修正師生應對方式，以更周延方式回應學生，並發展互動教學技巧。

　　早期研究EMI影響的文獻發現學生及教師英語能力是決定EMI成效的重要因素之一（Stryker & Leaver, 1997）。Kang和Park（2005）藉由網路問卷探討366位工科大學生對工程教育EMI課程的看法，發現英語程度好的學生與其課程學習成效呈正相關，英語能力不佳的學生則認為他們需要從助教得到實質的幫助，方能了解課程內容。

　　Kym和Kym（2014）以問卷調查分析364位大學生對於國際商務系的商業課程滿意度、教法及其他影響他們看法的因素。研究發現，學生對於修習EMI課程滿意度及英語能力無顯著差異，但其理解能力跟英語能力則具關聯性。當教師為美國籍時，受試者對於EMI課程感到滿意，但若是中籍或韓籍時，滿意度就有別。同時，授課教師為韓籍時，學生的理解能力較低，但當中籍或美籍教師時，學生之理解則無顯著差

異。再者,當學生曾經接觸過此學科領域知識時,其滿意度更高,也更能夠理解EMI授課內容。最後,受試者指出聽力在EMI課程中為一個重要的技能,而口說在未來更加關鍵,最不重要的是「寫作」。對於有效的EMI課程,大部分的受試者認為在課堂中間和結尾時,重述和摘要重點非常重要,能事先分發英語授課筆記亦很有助益。最後,課堂助教如果能精通英語及學科內容知識的話,也會有助益。

　　Kim和Tatar(2018)探討實施EMI教學面臨的挑戰及解決之道,研究對象為18位教授企管系與工程學系的外師,並挑選5位教師進行後續深度訪談。訪談結果顯示,進行EMI授課所遇到的挑戰為「學生參與度」、「互動」、「英語精通程度」、「本土語言的使用」與「跨文化的經驗」等。因南韓學生缺乏說英語的自信,在同學面前傾向不講,他們在課堂沒有什麼回應,「學生參與度」與「互動」是在統計資料中成為最受矚目的項目。此外,他們傾向和本國學生合作完成任務,課堂中第一語言(L1)的使用有助於其與人溝通,對那些英語能力較差的學生,在能夠使用L1之後,促成了有效的學習環境,讓他們願意互動。

　　Jon等人(2020)探脫鉤(decoupling)框架[1],以半結構式訪談方式,探討南韓高等教育教授在接受外部壓力強制施行EMI時,得採取不同策略,分析其對EMI政策之觀感及應對方法。研究主要對象為首爾2所私立大學13名本國教授,並訪談3名EMI課程的國際教授及20位大學生。研究發現,部分教授認為EMI課程施行有助校園國際化,並替校園贏得外界認可;對學生而言,可增強英語信心及降低對英語之語言隔閡。然而,教授普遍對於EMI抱持負面看法,因其之英語教學無法如同韓語教學流利,學生亦缺乏英語能力甚至造成教授對於自身專業認同

---

[1]　社會組織經常基於外部合法性(external legitimacy),建立制度化組織之官方架構,然而各機構為服從外部壓力時,其真實架構及執行方法可能背離官方架構(Meyer & Rowan, 1977),此行為稱為脫鉤,也就是說,實際行動脫離原訂架構(Boxenbaum & Jonsson, 2017),在組織或個人層級下,教學者可採行不同策略,以保有內部實踐並可在新政策改變下,獲得喘息空間。

產生懷疑。EMI課堂中，學生不願發問之問題嚴重，造成課堂間之停頓增加，阻撓師生之間的互動，即使善於英語且具有英語授課自信的教授，也認為EMI課程對其產生壓力並增加負擔。

　　整體而言，在韓國EMI的推動，不論是工程、企管或國際商務背景的學生，其EMI課程學習成效與英語文能力相關，英語母語及韓籍教師的教法與對EMI授課看法不一。誠如Jon等人（2020）[2]所述，支持的看法認同此政策可加強國際化，增加英語接觸機會並強化學生英語信心，負面效應包含學生英語程度不足，互動不易，造成教師對自我專業的懷疑。

四、泰國

　　教授英語為第二外語，近年來也成為一個很重要的議題，儘管在實施上有遭遇到困難及阻礙，EMI已經在非英語系國家廣泛推廣，而泰國就是其中一個國家（Luamgamggoon, 2020）。Troudi（2009）提到在泰國大學採用EMI是為了培養專精英語的人才，以至在全球市場中嶄露頭角。擁有良好的英語能力能使學生參與國際社群以及增進不同種類的學術知識（Wanphet & Tantawy, 2018）。在這情況下，英語能力則是視為一個工具而非一個學科。為使研究生具備專業技能及英語技能，泰國高等教育亦推行EMI政策（Phantharakphong, Sudathip, & Tang, 2019），但Karnnawakul（2004）發現有諸多泰籍英語教師課堂上仍使用泰語當媒介進行教學，而且這些教師多半是英文讀寫能力流利，聽說能力較差，因此也導致泰籍學生受教師英文能力影響，無法有效使用英語與人溝通。泰籍英語教師之英語能力不足，在Fitzpatrick（2011）

---

[2] 就Jon等人（2020）來看，EMI課程的推行需考量教師意願與學生英語能力，並思考是否接受三類脫鉤現象：道德危機及偏差（如：私下以韓語教授EMI課程）、未具完備英語教學能力之必要選擇（如：照本宣科、韓語英語混雜授課）、在官方政策壓力下，嘗試提升教育成效（如：多花時間及精力促使學生參與）。

研究中，亦指出他們無法進行溝通式教學，學生學習英文以考試爲目的，與現實生活及國家政策背道而馳。Choomthong（2014）研究發現，相較於其他東南亞國家協會國家，泰國學生的英語能力較弱，因此EMI快速推行，面臨更多挑戰。

Tang（2020）探討教師教授EMI課程時，所遇到的挑戰（如學生語言能力及學科內容）及實施EMI的重要性。研究對象爲泰國某大學國際學院的12位授課教師，分別來自4個不同系所（工商管理、溝通藝術、國際事務、旅遊管理），藉由訪談了解其看法。研究發現，所有的受訪教師皆認爲英語互動及英文聽力在課堂上進行良好，但學生對於用英文撰寫報告感到不自在。外籍教師與泰籍教師對寫作品質看法不一，前者認爲學生作業通常無法符合他們期望，但後者則認爲學生英文作業有寫到專業的詞彙及資訊即可。此外，所有教師皆一致認爲EMI非常重要，透過EMI的執行，可以達到語言提升、學科學習、職涯及國際化策略等項目的提升，進而提升學校在國際上的排名。

整體而言，以泰國目前推行來看，雖然皆認同EMI政策的推行有其益處，但不可否認的，其面臨最大的也是主要的挑戰與東北亞國家相似，亦是師生英語能力的問題，其次是本籍教師與外籍教師對學生的英文寫作表現的看法差異問題。

五、印尼

在印尼，提倡英語應強制實施於大學後，爭議接踵而至，學界已有諸多探討（Baldauf & Nguyen, 2012；Kirkpatrick, 2014）。除「英語」被視爲西方之代表等政治因素外，部分教師亦以教學立場持反對意見。針對2007至2013年間，印尼所推行的國際標準學校政策，研究顯示教師認爲縱使自己持反對意見，仍被迫遵從全英語授課命令（Dewi, 2017）。Zacharias（2013）採訪12位在中爪哇國際標準學校（International Standards Schools, ISSs）[3]授課的教師，教師皆表示自身英語能力不足，故採取不同策略以因應全英語授課政策，如：於簡報頁面提供英語註記，作為英語授課的主力以及大量使用印尼語、英語間的語碼轉換。其研究指出，教師的英語使用並非出於對政策之支持，而是履行公務人員的義務。另一方面，研究亦主張教師採取全英語授課的原因來自家長的要求。

　　Dewi（2017）探討印尼教師對高等教育強制施行全英語授課的看法。研究主題包含對全英語授課的感想、英語與國家認同的關係及英語與西方的關係。受試者為36位教師，藉由問卷調查為主要研究工具，輔以部分教師的個別郵件訪談。研究結果顯示，教師認為全英語授課並非易事，且政府之決定是以政治角度出發，而非教育目的。單就教師立場而論，英語授課在高等教育機構之推行有其必要性，因其有助學生培養國際學術交流並提升獲取海外工作的機會。就英語的定位而言，受試者大多將英語視為不僅僅為外語，而是國際語言，可促進溝通、建立關係、擴增知識，並協助印尼的國際貿易發展，因此受試者不視英語為印尼語之威脅。至於英語與西方間之關聯，受試者的看法落差甚大。部分受試者不認為英語為西方產物，然十分矛盾地認為可能從中習得西方價值觀。另一部分受試者認為英語曾經是西方帝國主義的傳遞媒介，但今日之英語已不再具有此功能。綜言之，Dewi（2017）認為討論英語與西方的關係宜聚焦於英語的功能性最為恰當。

　　印尼目前的研究發現，對政府在高等教育實施EMI，雖有不同意見也認為教師不易勝任EMI，但大多數教師仍肯定EMI諸多益處，並視英語與印尼語須並存共榮，這共識絕對是目前各國要推動EMI所需的。

---

[3]　此處所謂的「國際標準學校」乃指符合印尼政府廣義語言政策（a governmental macro-language planning policy），以全英語授課之學校，非全是高教體系。

六、越南

　　越南政府將全英語授課（EMI）列為國家外語計畫及高等教育改革計畫的一環（Nguyen, Walkinshaw, & Pham, 2017），施行EMI的目的是為了促進國際交流、增加財政收入、提升教育品質及培育具雙語能力的勞工以因應越南快速成長的經濟。如同亞太地區及其他地區，越南指定大學推行全英語授課，在施行EMI政策時亦面臨不同層面的挑戰。在政策方面，為使全英語授課落實於課堂，諸多要素須落實，如：評量標準之統一、授課教師之背景與訓練、方案資源之提供、課程綱要、教材及教法教學之供需平衡等（Hamid, Nguyen, & Baldauf, 2013），但實施難度高。此外，EMI實施政策的制定與推行過於倉促，以至教育機構缺乏足夠的準備時間以因應新政策，進而造成政府期待與教育現場的落差。Le（2012）廣泛分析文獻，探討越南高等教育機構使用全英語授課，學生學習成效以及多數學生是否因此政策受益等議題。研究發現，儘管此政策有助於越南解決全球化和區域化社會經濟和政治問題，然此其可行性有待檢驗。仍有諸多干擾因素須仔細考慮，否則政策推行失敗將對國家政治、社會語言和經濟造成不利影響。

　　Nguyen等人（2017）藉由案例分析，探討前述EMI政策的實施問題。E大學（暱稱）為一所提供商學培育的公立大學。該校英語能力門檻為多益達500分即可修習全英語課程。此門檻造成許多爭議，其一，比起托福或雅思等學術導向的測驗，作為商業英語的測試的多益並不適合作為修課門檻之標準。其二，總分500分為中階英語程度，不足以駕馭學術研究的語言需要，故部分修習全英語教學的學生，面臨學習成效不佳的結果。其三，該校為增開政府要求的全英語授課，可能導致整體教學品質下降。再者，教授全英語課程之教師，應同時具備其特定領域的專業知識、教學能力與英語能力（Wilkinson, 2013）。依規定，該校全英語授課教師應具備英語系國家的學士後學歷，然實情未必如此。教師表示，他們缺乏以英語教學的技能與資源。部分教師採取語碼混合／轉換（code-mixing/switching）方式，補足學生英語能力不足，但亦有

學生認爲此作法降低其上課專注力。相反地，對於嚴守全英語授課的教師，學生則表示因無法掌握艱難術語，導致其學習成效低落。

以越南來看，亦是因推動EMI政策時間匆促，以致教育現場準備度不足，所面臨的問題與其他亞洲國家相似，圍繞在學生英語能力無法全然理解EMI課程內容，以及教師EMI教法成效不彰上。

參、結論

亞洲各國大學推動EMI課程的成效，影響因素包括：教師與學生英語程度、教師英語教學技巧、師生互動、協同教學的合作、EMI專業研習、教師與學生英語信心、學習動機、教育現場準備、英語與本國語並存共榮等。

臺灣從政府到民眾，向來重視學習英語，除了課程綱要學習英語的年級從國中一年級逐步向下延伸到國小三年級；甚至很多市縣已從國小一年級開始。而且，從幼兒園到高中的雙語學校，增多且深受家長歡迎，更不用說送小孩子利用課餘去學習英文了。主動積極的重視及增多的學習英語時間，在大學開設EMI課程面臨的學生英語力不足及教師英語授課的問題，整體而言，可能隨著時間遞進，影響逐漸降低。不過，目前尚有一些挑戰需要努力面對。

歸納而言，根據Bradford（2016），EMI推行存在著四種挑戰，包括語言挑戰、文化挑戰、結構挑戰及身分（機構）挑戰。語言挑戰對英語非母語學生是最直接的，英語能力不足時，難以聽懂有口音的英語，也無法理解內容，更別說是閱讀英文學術文獻。文化挑戰與EMI外師教學風格息息相關，也跟母語保存議題有關。英美教師慣用輕鬆方式教學，亞洲國家教師具本土意識，不易改變教學風格。結構挑戰指的是整體EMI課程的一致性及數量。以本文中所提及的亞洲各國來看，語言挑戰與文化挑戰占最多數，此二挑戰涉及師生英語能力與課堂師生互動，其成效也自然連結到結構挑戰與身分挑戰。這些國家的困難其實也

是目前臺灣大學校院在推動EMI的小縮影與學者專家的隱憂。

以下幾點建議，供我們相關單位處理這些挑戰時參考：

一、語言挑戰

師生的英語能力是EMI成敗與否的一大關鍵，下面機制宜思考啟動：

1. 確保師生具相當英語程度：教授EMI課程之教師除有學術專業外，宜具備一定的英語能力，有些歐洲學校以C1程度為基準，有些以在英美國家取得學位為標準。若要全英語授課，Breeze（2014）建議，學生英語程度以達B2以上較為合適。

2. 建構分級EMI課程學習地圖：要提升學生英語能力非一蹴可成，若要彌補學生英語能力之不足，則宜思考EMI課程分級制，亦即將大學／研究所所開設的英語授課科目，依任課教師英語使用比例分成4個等級，第1級可中英雙語各半，讓本地生不會因必修科目全英授課而影響學習，第2-3級可視教師課堂語碼轉換比例決定，第4級則是百分百全英語授課，可吸引外國學生來臺就讀，亦可讓英語程度好的本地生修習。有此標示的學習地圖有助於學生選課。另外，對於一些英語程度較不好的學生，應提供精熟英語及課程內容的課程助教，協助學生學習並儘速適應英文授課。

3. 鼓勵可行協同教學模式：語言挑戰另一問題來自教師對本身的英語缺乏自信心，若在重要科目教師仍有此顧慮，可與本國語言教師（或外師）搭配進行協同教學，討論、交流想法及資源、共同擬定課程內容，互相信任及尊重，並抱持開放態度，為共同目標善盡職責（Nix, 2021）。如此，可避免學生在課堂中，因錯誤的英語表達而影響學習進度。

二、文化挑戰

當教師英語能力有限時，課堂往往淪為照本宣科的講述、缺乏互動的場域。中西文化大不同，教學風格也不盡相同，EMI教學需具靈活性，因此在以學科內容為主的課程中，以英語作為授課語言，師生互動尤顯重要。

1. 辦理EMI專業研習：讓教授EMI課程的教師實際參與EMI專業研習，此類研習宜針對以英語進行教學時，可以設計生動的活動與多元的評量方式及良好的師生互動、提問與回饋技巧等資訊，此方面的增能，可以讓EMI教師更具專業，提高學生學習動機。

2. 推廣EMI同儕觀課：成功的EMI教師懂得使用英語教授專業科目，同時在課程進行過程中，尊重在地文化及目標語文化之差異，營造友善的教學環境，絕佳的班級經營技巧可讓新手EMI教師觀摩，避免獨白教學。

三、結構挑戰

EMI課程的開設學校應確保內容和品質跟用中文授課相同，課程數量也宜有管理，讓學生可以放心修習。

1. 擬訂獎勵彈薪EMI教師辦法：此作法應該是目前諸多大學所採用的，但細節各校不一。有獎勵辦法可以提升教師開設EMI課程意願，亦可確保開設一定數量的EMI課程，但教師之備課投入度與學生學習成效宜有相關客觀指標檢核，避免獎勵淪為形式。

2. 定期召開EMI課程委員會議：對部分教師而言，開設EMI課程雖可能增加工作量，但尚不至於無法負荷。惟課程以英語進行，為讓學生能理解與吸收，該課程的重要概念是否與相對應的中文課程一致，應有品質保證的機制。同時，也可讓學生填寫問卷，回饋對EMI教學的學習理解。

四、身分挑戰

對學生而言，修習EMI課程可提升國際競爭力；對大學而言，開設EMI課程可以提升學校的世界排名。

1. 鼓勵學生修習課程：大學院校可以開設全英語教學課程學分學程，鼓勵學生修習，畢業前取得加註專長，亦可依學生修習EMI課程數量的認證，頒給黃金證書（如：10門課）、白金證書（如：20門課）或鑽石證書（如：30門課），讓學生挑戰自我，提高其修課意願。

2. 補助大學開設EMI課程：要提升大學招收國際生，政府針對開設EMI的雙語大學院校可以經費補助，帶動國內高等教育培育人才，亦提升本地生的國際移動力。

本文因各國研究的樣本數量不一，研究方向與時間亦有差異，可能無法涵蓋各國大學推動EMI全貌，此乃本研究限制。未來待各國有較多相關研究時，或許可進行較全面性的分析。[4]

---

[4] 感謝兩位匿名審查委員提供寶貴的修改建議，讓本文更臻完善。文中若有任何疏漏，均屬作者之責。

參考文獻

國家發展委員會、教育部、人事行政總處、考選部、公務人員保障暨培訓委員會（2021）。**2030雙語政策整體推動方案**。取自https://bilingual.ndc.gov.tw/sites/bl4/files/news_event_docs/2030shuang_yu_guo_jia_zheng_ce_.pdf

An, J., Macaro, E., & Childs, A. (2021). Classroom interaction in EMI high schools: Do teachers who are native speakers of English make a difference? *System*, *98*, 1-12.

Baldauf, R. B., & Nguyen, H. T. M. (2012). Language policy in Asia and the Pacific. In B. Spolsky (Ed.), *The Cambridge handbook of language policy* (pp. 617-638). Cambridge: Cambridge University Press.

Boxenbaum, E., & Jonsson, S. (2017). Isomorphism, diffusion and decoupling: Concept evolution and theoretical challenges. In R. Greenwood, C. Oliver, T. Lawrence, & R. E. Meyer (Eds.), *The Sage handbook of organizational institutionalism*, 2nd edition (pp. 79-104). Los Angeles: Sage.

Bradford, A. (2016). Toward a typology of implementation challenges facing English-medium instruction in higher education evidence from Japan. *Journal of Studies in International Education*, *20*(6), 339-356.

Bradford, A. (2019). It's not all about English! The problem of language foregrounding in English-medium programs in Japan. *Journal of Multilingual and Multicultural Development*, *40*(8), 707-720.

Breeze, R. (2014). "Identifying Student Needs in English-Medium University Courses." In R. Breeze, C. Llamas-Saiz, C. Martínez Pasamar, & C. Tabernero Sala (Eds.), *Integration of theory and practice in CLIL* (pp.143-160). Amsterdam: Rodopi.

Byun, K., Chu, H. J., Kim, M. J., Park, I. W., Kim, S. H., & Jung, J. Y. (2011). English-medium teaching in Korean higher education: Policy debates and reality. *Higher Education*, *62*, 431-449.

Chang, T. S., Bai, Y., & Wang, T. W. (2014). Students' classroom experience in foreign-faculty and local-faculty classes in public and private universities in Taiwan. *Higher Education*, *68*, 207-226.

Choomthong, D. (2014). Preparing Thai students' English for the ASEAN Economic Community: Some pedagogical implications and trends. *Language Education and Acquisition Research Network (LEARN) Journal, 7*(1), 45-57.

Chuo, J. C. (2021). Review of Study of language planning on English taught programs/English as medium of instruction programs in Taiwan. *Journal of Languages and Culture, 12*(1), 37-44.

Creswell, J. W. (2013). *Research design: Qualitative, quantitative, and mixed methods approaches*. Los Angeles: Sage.

Dewi, A. (2017). English as a medium of instruction in Indonesian higher education: a study of lecturers' perceptions. In B. Fenton-Smith, P. Humphreys, & I. Walkinshaw (Eds.), *English medium instruction in higher education in Asia-Pacific: From policy to pedagogy* (1st ed., pp. 241-258). Springer.

Earls, C. W. (2016). *Evolving agendas in European English-medium higher education: Interculturality, multilingualism and language policy*. Basingstoke: Palgrave Macmillan.

Eliassen, I. (2021). Public perceptions of language education in Taiwan: English in a multilingual context. *Mahurin Honors College Capstone Experience/Thesis Projects, 907*. Retrieved from https://digitalcommons.wku.edu/stu_hon_theses/907

Fitzpatrick, D. (2011). *Making sense of English language policy in Thailand: An exploration of teachers' practices and dispositions*. Thesis (PhD). University of Exeter.

Galloway, N., Numajiri, T., & Rees, N. (2020). The 'internationalisation', or 'Englishisation', of higher education in East Asia. *Higher Education, 80*(3), 395-414.

Gu, M., & Lee, J. (2019). They lost internationalization in pursuit of internationalization: students' language practices and identity construction in a cross-disciplinary EMI program in a university in China. *Higher Education, 78*, 389-405.

Gyenes, A. (2021). Student perceptions of critical thinking in EMI programs at Japanese universities: A Q-methodology study. *Journal of English for Academic Purposes, 54*, 1-20.

Hamid, M. O., Nguyen, H. T. M., & Baldauf, R. B. (2013). Medium of instruction in Asia: Context, processes and outcomes. *Current Issues in Language Planning, 14*(1), 1-15.

Hu, G., Li, L., & Lei, J. (2014). English-medium instruction at a Chinese University: Rhetoric and reality. *Language Policy*, *13*(1), 21-40.

Hu, G., & McKay, S. L. (2012). English language education in East Asia: Some recent developments. *Journal of Multilingual and Multicultural Development*, *33*, 345-362.

Jeon. J. (2002). Learners' evaluation on English-medium lectures. *Foreign Language Education*, *9*(4), 233-251.

Jiang, L., Zhang, L. J., & May, S. (2019). Implementing English-medium instruction (EMI) in China: teachers' practices and perceptions, and students' learning motivation and needs. *International Journal of Bilingual Education and Bilingualism*, *22*(2), 107-119.

Jon, J. E., Cho, Y. H., & Byun, K. (2020). Internationalization by English-Medium Instruction? Professors' decoupling behaviors to EMI policy in Korean higher education. *KEDI Journal of Educational Policy*, *17*(2), 297-318.

Kang, S. Y., & Park, H. (2005). English as the medium of instruction in Korean engineering education. *The Korean Journal of Applied Linguistics*, *21*(1), 39-48.

Kaplan, R. B., & Baldauf, R. B., Jr. (1997). *Language planning from practice to theory*. Clevedon, Philadelphia: Multilingual Matters.

Karnnawakul, P. (2004). Summary of research report: Foreign language teaching in the southern part of Thailand. *Manusya Journal of Humanities*, *7*, 80-81.

Kim, E. (2002). Voices of learners from English-medium lectures. *The Korean Journal of Applied Linguistics*, *18*(2), 145-163.

Kim, J., & Tatar, B. (2018). A case study of international instructors' experiences of English-medium instruction policy in a Korean university. *Current Issues in Language Planning*, *19*(4), 401-415.

Kirkpatrick, A. (2014). English as a medium of instruction in east and southeast Asian universities. In N. Murray & A. Scarino (Eds.), *Dynamic ecologies: A relational perspective on languages education in the Asia-Pacific region* (pp. 15-26). Dordrecht: Springer.

Knight, J. (2008). *Higher education in turmoil: The challenging world of internationalization*. Rotterdam: Sense Publishers.

Kym, I., & Kym, M. H. (2014). Students' perceptions of EMI in higher education in Korea.

The Journal of Asia TEFL, 11(2), 35-61.

Le, D. M. (2012). English as a medium of instruction at tertiary education system in Vietnam. *The Journal of Asia TEFL, 9*(2), 97-122.

Littleton, K., & Mercer, N. (2013). *Interthinking: Putting talk to work*. London: Routledge.

Lun, V., Fischer, R., & Ward, C. (2010). Exploring cultural differences in critical thinking: Is it about my thinking style or the language I speak? *Learning and Individual Differences, 20*, 604-616.

Luanganggoon, N. (2020). Content and Language Integrated Learning (CLIL) teaching practices in Thailand Higher Education. *The Asian ESP Journal, 16*(4),233-258.

Manalo, E., Kusumi, T., Koyasu, M., Michita, Y., & Tanaka, Y. (2015). Do students from different cultures think differently about critical and other thinking skills? *The Palgrave Handbook of Critical Thinking in Higher Education*, 299-316.

Meyer, J., & Rowan, B. (1977). Institutionalized organizations: formal structure as myth and ceremony. *American Journal of Sociology, 83*(2), 340-363.

Nguyen, H. T., & Walkinshaw, I., & Pham, H. H. (2017). EMI programs in a Vietnamese university: Language, pedagogy and policy issues. In B. Fenton-Smith, P. Humphreys, & I. Walkinshaw (Eds.), *English medium instruction in higher education in Asia-Pacific: From policy to pedagogy* (1st ed., pp. 37-52). Springer.

Nix, J. M. L. (2021). Co teachers' perceptions of collaborative EFL teaching: A case study in Taiwan, *Asia Pacific Education Review, 22*(4), 595-608.

Pendery, D. (2021). Taiwan: Students, education, and academia. In D. Pendery (Eds.), *Taiwan - A Light in the East: A Personal and Analytical Taiwan Study*, 89-102. Palgrave Macmillan.

Phantharakphong, P., Sudathip, P. & Tang, K. N. (2019). The relationship between reading skills and English proficiency of higher education students: Using online practice program. *Asian EFL Journal, 23*(3), 80-103.

Seargeant, P. (2009). *The Idea of English in Japan: Ideology and the evolution of a global language*. Bristol: Multilingual Matters.

Stryker, S., & Leaver, B. (1997). *Content-based instruction in foreign language education: Models and methods*. Washington D.C.: Georgetown University Press.

Tang, K. N. (2020). Challenges and importance of teaching English as a medium of instruction in Thailand international college, *English as an International Language, 15*(2), 97-118.

Tong, F., & Shi, Q. (2012). Chinese-English bilingul education in China: A case study of college science majors. *International Journal of Bilingual Education and Bilingualism, 15*, 165-182.

Toribio, A. J. (2004). Convergence as an Optimization Strategy in Bilingual Speech: Evidence from Code-Switching. *Bilingualism: Language and Cognition, 7*(2),165-173.

Troudi, S. (2009). The effects of English as a medium of instruction on Arabic as a language of science and academia. In P. Wachob (Ed.), *Power in the EFL classroom: Critical pedagogy in the Middle East* (pp. 199- 216). Newcastle: Cambridge Scholars Publishing.

Wanphet, P., & Tantawy, N. (2018). Effectiveness of English as a medium of instruction in the UAE: Perspectives and outcomes from the instructors and students of University Science Courses. *Educational Research for Policy and Practice, 17*(2),145-172.

Wilkinson, R. (2013). English-medium instruction at a Dutch university: Challenges and pitfalls. In A. Doiz, D. Lasagabaster, & J.M. Sierra (Eds.), *English-medium instruction at universities: Global challenges* (pp. 3-24). Bristol: Multilingual Matters.

Yamamoto, B., Saito, T., Shibuya, M., Ishikura, Y., Gyenes, A., Kim, V., Mawer, K., & Kitano, C. (2016). Implementation and impact of the dual language IB DP programme in Japanese secondary schools. *International Baccalaureate Organization*. Retrieved from https://www.ibo.org/globalassets/new-structure/research/pdfs/research-dp-in-japan-full-eng.pdf

Zacharias, N. T. (2013). Navigating through the English-medium-of-instruction-policy: Voices from the field. *Current Issues in Language Planning, 14*(1), 93-108.

Zhu, Y., & Yu, L. (2010). *Woguo hanying shuangyu jiaoyu yanjiu xianzhuang* [The state-of-the-art of English-Chinese bilingual education in China]. *Foreign Languages and Their Teaching, 255*, 31-36.

第三章

雙語vs.多語——臺灣與菲律賓
國中小教學語文之比較

田耐青

國立臺北教育大學教育學系副教授

壹、前言

筆者於2015年率師資生團隊赴菲律賓馬尼拉市某校辦理夏令營，發現菲國中小學生之間，學生與照顧者之間皆習慣以英語溝通；到各地踏查，對菲國人民的高英語水準屢感驚豔；書店裡有大量的英文書籍；商場舉辦親子活動，主持人以流利的英語下指令，母親及幼兒都能據之正確行動；街頭商販能以英語和觀光客溝通。事實上，菲律賓人民憑藉英語優勢赴海外工作，匯回家鄉的金額之高，接近菲國一成的GDP[1]；許多世界品牌在菲國成立語音服務中心；中日韓皆相中菲國的高英語水準、地理位置及低物價，紛紛在菲國成立英語學習機構，疫情前，常見臺灣親子於寒暑假赴菲遊學，向菲籍教師學習英語。在臺灣，部分有幼兒的家庭在申請外傭時，優先考慮菲籍，也是期望孩子能有機會與之多練習英語。

Tupas和Lorente（2014）指出菲律賓早於1974年於國中小開始進行雙語教育（菲語及英語）。而臺灣是2019年由教育部帶領推雙語教育。論起雙語教育，菲律賓比臺灣先行近半世紀，其推動背景及歷程為何？有無值得臺灣參考之處？此為本文重點。本文聚焦臺菲兩國國中小階段教學語文之選擇，其他教育階段、雙語教育其他面向，如：師資、教材、評量等，不在討論範圍內。

貳、菲律賓的多語教育

以下簡介菲律賓國語產生背景，再說明其多語教育政策的更迭。

---

[1] 《四方報》2022.1.14報導，2019年菲律賓海外移工人數達220萬，這些移工貢獻大量海外匯款。2021年1-11月的海外匯款金額加總達284.3億美金，占全國GDP近一成（https://reurl.cc/Mbb9lK）。

一、背景

（一）多族群、多語文的群島國家

　　菲律賓由7,641個大小島嶼組成，有「七千島國」之稱。由北而南可分爲呂宋（Luzon）、維薩亞斯（Visayas）和民答那峨（Mindanao）三大島群（圖3-1）。鄰近的島嶼被歸爲一個區（region）以便管理，全國有18個區，下設81省（GOV. PH.；Tulabut, 2021）。最大島嶼爲呂宋島，也是首都馬尼拉所在地。

圖3-1

菲律賓地圖

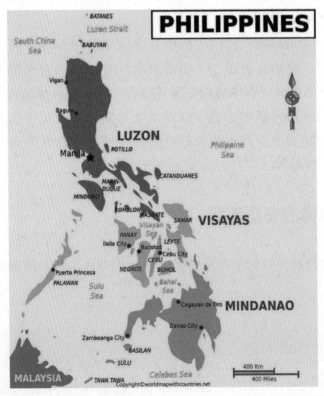

資料來源：https://pse.is/3zvy8q

　　菲律賓2020年國家人口數為一億零九百萬（Philippine Statistics Authority, 2021）。2010年的國家人口統計問卷裡，列有182個族群（ethnic groups）（原教界編輯部，2017）。第一大族群是分布於中部的維薩亞斯人（Visayans）有3,350萬，占菲律賓總人口的34%，從事農業。第二大族群是他加祿人（Tagalog），人口3,000萬，大多居於北部，是經濟、文化最發達的族群。因群島屬性，菲律賓有許多地方語言（dialects，以下簡稱方言），全國有超過170種地方語言（Lewis, 2009）。McFarland（2009, p.132）指出他加祿語等八大方言族群占了總人口的85%，他們大多居住在平地。民答那峨的穆斯林（1450-1520年間，阿拉伯人曾至菲律賓南部傳教，至今該地仍有眾多伊斯蘭教徒）常說的是另外兩種方言。除了這十種方言外，其他一百多種方言的使用者多居住於山區及較低度開發的地區。

　　整體而言，菲律賓是一個具強烈多元文化色彩的國家，有七千多個島嶼、近兩百個族群，超過170種方言。蔚藍的海水及眾多的方言使島嶼之間不一定能夠充分交流。如何凝聚散居不同島嶼、使用各自方言的國民，建立其對國家的認同，便成為執政者的重要議題，這是菲律賓國語發展的人文地理背景。

（二）美國殖民影響

　　西班牙於1565-1898年殖民菲律賓。西班牙傳教士秉持天主教傳統，認真學習菲律賓方言，以將天主教傳給當地人，西班牙三百多年的殖民對菲律賓影響較大的是宗教，八成以上的菲律賓人是天主教徒。

　　1898年美西（西班牙）戰爭爆發，西班牙戰敗。菲律賓開始為期四十餘年（1902-1946）的美國統治時期，通用語文是英語。美國人積極透過公立學校教育菲律賓人民，所有兒童必須進入公立學校學習。教師及教材來自美國，英文為教學語文。美國對菲律賓的公立教育及英語學習影響極大。菲律賓人民熱衷學習英語，因為有利升學、就業與經商，英語是進入公職、擔任行政或成為管理階級的先決條件

（Gonzalez, 1980, pp.27-28）。美國殖民主義在菲國的教育，本質上是為了「將菲律賓人美國化並鞏固他們對美國的忠誠」（Karnow, 1989, p.196）。1939年的統計顯示美國殖民菲律賓近40年後，26%的菲律賓人民會說英語（Gonzalez, 1980, p.26）。這是菲律賓國家語文發展的近代史背景。

（三）費三十年之力曲折發展而成的菲律賓國語（Filipino）

1935年，菲律賓成立「菲律賓自治政府」，在憲法第14條第3項中加上「國語條款」：「……國會應該在某個既存本土語言的基礎上，盡最大努力發展出一個國家語言……。」設國語的目的是要團結散居各島嶼、使用不同方言的各族群人民，使國民對國家產生認同以有助國家獨立與統一（Gonzalez, 1974）。經過特別委員會研究後，有8個使用人口在100萬人以上的「主要」方言成為菲律賓國語的候選者。比薩亞語（Bisaya）和他加祿語（Tagalog）成為最後的競爭者。比薩亞語是當時菲律賓使用人口最多的本土語言，主要使用於維薩亞斯群島及民答那峨島北部。他加祿語在使用人數上居第二，但他加祿族的經濟文化表現最強，且是首都大馬尼拉地區的主要語言。最後，委員會選擇了他加祿語作為菲律賓國家語言的基礎。1946年，菲律賓共和國獨立。1959年教育部公告第37號命令（department order），他加祿語正式成為菲律賓的國語（Tagalog-based Pilipino），英語為第二官方語文。1973年因為其他方言族群的持續抗議，Pilipino被取消國語的地位，轉型成為學校的教學語文。1987年，菲律賓推出新國語Filipino，使用至今。Filipino在Pilipino 20個字母的基礎上增加了8個字母：C, F, J, Ñ, Q, V, X, Z。字母F、J、V、Z可用來發出其他方言的聲音，而C、Ñ、Q、X可用於「現代化」或由國際語言中借用科學和技術術語（Cruz, 2022）。

綜上所述，美國殖民時期（1902-1946）大力推動的公共教育使英語長期為菲律賓的通用語文。菲律賓國語Filipino的產生歷經選擇（1959年選定他加祿語為菲律賓國語）、抗議、調整（1973年Pilipino

被取消國家語文的地位，轉型為學校的教學語文）及重新推出（1987年，菲律賓推出新的國語Filipino，使用至今）的歷程，為期近三十年。

二、教學語文的更迭

與菲律賓國語（Filipino）發展歷程平行，菲律賓於1974年推動雙語教育政策，復於1987年及2012年歷經兩次更迭，成多語教育（Tulabut, 2021；Tupas & Lorente, 2014）。

（一）1974年雙語教育政策（Bilingual Education Policy, BEP）

身為美國前殖民地，菲律賓自二十世紀以來，直到1946年獨立建國後，均以英語為唯一的教學語文。為對抗這種「以宗主國語文為唯一教學語文」的殖民地現象，菲律賓在1974年推出了中小學雙語教育政策（教育部第25號命令，雙語教育政策執行準則），正式宣告以Pilipino及英語為教學語文。全國統一以英語教導數學及科學，而以Pilipino教導其他所有科目（國語、社會、音樂、體育、家政、藝術、品格教育等）（Pascasio, 1975）。使用Pilipino為教學語文，導致其更加優化（intellectualization）並被廣泛使用，成為跨族群的通用語言，最終導致了它進化、更新成為菲律賓的國語Filipino（Espiritu, 1999）。

（二）1987年的雙語教育政策

由於國語的選擇持續受到爭議，政府於1987年在憲法第16條第6節明確規定：以Filipino為菲律賓國語（以下簡稱菲語）。Filipino更多地包容了菲律賓境內的多種方言（Nolasco, Datar & Azurin, 2010）。1987年教育部推出第52號命令《雙語教育政策執行準則》。有三個重點：一是菲律賓希望其國民能夠兼具菲語（Filipino）及英語兩種語文

能力,菲語用來建立國家認同、進行溝通,英語則用來連接世界。國民的菲語能力比其英語能力更為重要。二是將區域語文(regional language)納入,成為輔助官方語文(auxiliary official languages),人民可以使用區域語文溝通,教師教學也可使用區域語文加強解釋。三是將雙語教育由中小學擴展到學前及高等教育,貫穿所有教育階段。這時雖仍稱為雙語教育政策,然教師在教學中,可使用區域語文進行解釋,本質上已出現多語教育的色彩,呼應菲律賓的多族群、多語文國家本質。

(三)2009年添加「母語為基礎的多語教育」(與1987年的雙語教育政策併行)

由於國內各方言族群要求學校教育能讓學生對母語及自身文化產生認同與傳承的聲浪從未間斷,加上聯合國教科文組織(United Nations Education Scientific and Cultural Organization, UNESCO, 1953)及菲律賓國內的研究(Dekker & Young, 2005;Nolasco, Datar & Azurin, 2010)都顯示兒童入學時,如果教學語文是其在家中使用的母語,有助其學習成效。Tupas和Lorente(2014)更指出由於Filipino是以他加祿語(Tagalog)為基礎,他加祿語母語的幼兒入學後,學習表現較佳;相對地,「非」他加祿語母語的幼兒入學後,面臨英語和Filipino這兩種不熟悉的教學語文,在學習上成為弱勢。Tupas和Lorente以學術邊緣化(academic marginalization)形容「非」加祿語母語學生在菲律賓雙語教育下的不利遭遇。

菲律賓教育部因此於2009年經由第74號行政命令在雙語教育政策之上添加「母語為基礎的多語教育」(Mother Tongue-Based Multilingual Education, MTB-MLE),2012年又透過教育部第16號行政命令給予更多執行規範。由幼兒園到小學三年級,以學校當地區域語文或方言(學生的母語)為教學語文;四到六年級則逐漸轉變為以Filipino及英語為教學語文;中學階段開始完全以Filipino及英語為教學語文。Republic of the Philippines Department of Education（2016）公告的K-12課程指引中，明白指出以母語爲基礎的多語教育（MTB-MLE）是政府的旗幟性教育計畫，是K-12年級基礎教育的重要成分。第10253號共和國法案（Republic Act）的通過，強調了MTB-MLE的重要性，該法案也成爲2013年增強型基礎教育法案。

依據Republic of the Philippines Department of Education（2016），MTB-MLE主張在菲律賓的學校裡，第一語文（L1）是兒童的母語，第二語文（L2）是菲語Filipino，英語是第三語文（L3）。學習者以他們最了解的語言（母語）開始他們的教育，在添加其他語言之前，先打下母語堅實的基礎。MTB-MLE並表彰兒童在母語、傳統文化的成就，使兒童以自身的族群爲榮。

對於MTB-MLE這個由政府發起的重大教育改革，Cabansag（2016）採由下而上的取向（a bottom-up approach），選擇伊查格市（Echague）的兩所小學進行訪問。該市位於菲律賓呂宋島北方伊莎貝拉省（Isabela），是該省第二大城市。據2020年的人口普查，該市人口爲88,410人，以瀕臨滅絕的瑜伽語（Yogad）而聞名，當地人使用並保護這種方言[2]。Cabansag對11個國小教育利益相關者（stakeholder，如：學校行政人員、學校教師、學生、地方教育委員會、地方政府單位、家長及教師協會、非政府組織和家長）進行焦點小組訪談以了解其對MTB-MLE教育政策的看法。

Cabansag的資料顯示，利益相關者認爲MTB-MLE的實施有四個優點及四個挑戰。優點包括：學生得以更好地表達想法、展現自信、學習保留佳及促進友善的環境。而挑戰則包括同一班學生的母語不同、以母語撰寫的教材不足、人們對不同語文的評價、教師心理與教學實踐的矛盾。

一位教師表示，他班上學生的母語包括Ilocano、Yogad和Ibanag等

---

[2]　菲律賓Echague市簡介（https://en.wikipedia.org/wiki/Echague）。

三種方言（另一位教師班上學生的母語包括Yogad、Ilocano和他加祿語），導致教師還是得在課堂上使用他加祿語為教學語文，才能讓全班學生聽懂。一位老師曾嘗試使用Ilocano（伊洛卡諾語）為教學語文，但並非班上每位學生都能夠理解伊洛卡諾語，在家長的抱怨下，老師不得不改用他加祿語或Filipino。這個議題反覆出現在所有焦點小組討論中。MTB-MLE的美意（讓學童用自己的母語進行學習）因同一班學生母語不同而難以實現，很多時候，教師還是用他加祿語或Filipino為教學語文，這種現象的另一原因可能是教師本身也不擅長當地的方言，將教材翻譯成當地方言也造成教師很大的工作負擔。另外，一位高級地方政府官員提到英語是全球通用語文，應該使用英語為教學語文；教師和家長普遍希望學生獲得英語技能，因為英語能力通常等同機會與資源。對於MTB-MLE這項國家政策，教師的心理與教學實踐之間存在矛盾。一方面，「MTB-MLE聲稱有利學生學習。起初，我們持負面態度（因為會改變我們的教學），但是它已經公告實施了，我們應該多說說它的正向結果（...because it is already implemented, we think that it is just proper to speak of its positive result）」。另一方面，教室裡的真實情況是教師實踐MTB-MLE有困難。一位教師說「在我的英語科目中，我用Filipino（而非當地方言）翻譯」；特別在數學課，大多數教師仍是維持以英語為教學語文，以便向學習者清楚地解釋概念，因為教師認為用Filipino或Ilocano母語難以解釋數學概念。

　　此外，筆者還想到MTB-MLE的實踐可能會限制了人民的居住及遷徙自由。幼兒園及國小一到三年級的教師必須精通任教學校所在地的方言，這將限制教師的居住選擇。同樣地，也限制了學生家庭的遷徙。例如：一位在家中說A母語的學生，如果在K-3階段由A母語地區搬到B母語地區，那麼他在學校裡將面臨以B母語進行的教學與評量，不利其學習。此外，Tulabut（2021）指出，教育部在剛頒布母語為基礎的多語教育時，訂了8種方言，嗣後在2016年又加入11種方言（另一種說法是原訂12種方言，後來又加入7種方言）。現在，母語為基礎的多語教育行政命令適用於這19種方言，可能會引起這19種方言以外族群的不

滿，認為自己的母語及文化未受到尊重。

（四）小結

　　菲律賓於二十世紀初被美國殖民四十餘年，所有科目的教學語文均為英語。為對抗此殖民地現象，菲律賓於1974年開始推行雙語教育（英語及Pilipino），復於1987年配合新國語Filipino的推出及2009年回應學術邊緣化的不公現象，轉型成多語教育。未來可繼續觀察菲律賓多語教育的實踐。表3-1簡列菲律賓國中小階段教學語文的更迭及背景。

表3-1

菲律賓國中小階段教學語文的更迭及背景

年代	教學語文	時代背景	說明
1902-1973	英語	1902-1946年為美國殖民期間 1959年，教育部公告他加祿語正式成為菲律賓的國語（Pilipino），英語為第二官方語文	菲律賓於1946年獨立，但直到1973年，菲律賓的公立中小學仍以英語為唯一教學語文
1974-1986	英語及舊菲語（Pilipino）	1973年，Pilipino在他加祿族以外族群的抗議下，被取消國家語文的地位，轉型成為教學語文	1. 法律依據：1974年教育部第25號命令《雙語教育政策執行準則》 2. 菲律賓於1974年推出中小學雙語教育政策。英語為數學及科學的教學語文，Pilipino為所有其他科目的教學語文
1987至今	英語及菲語（Filipino）	1987年菲律賓推出新國語Filipino	1. 法律依據：1987年教育部第52號命令《雙語教育政策執行準則》 2. 區域語文（regional language）成為輔助官方語文（auxiliary official languages），教師可用其補充解釋教學內容

年代	教學語文	時代背景	說明
2009至今	幼兒園到三年級實施以母語為基礎的多語教育 四年級到六年級逐漸轉變為以英語及菲語（Filipino）為教學語文 中學後以英語及菲語（Filipino）為教學語文	2009年，在雙語教育政策之上添加「母語為基礎的多語教育」（Mother Tongue-Based Multilingual Education, MTB-MLE）	1. 法律依據：2009年教育部第74號行政命令及2012年教育部第16號行政命令「母語為基礎的多語教育」 2. MTB-MLE為添加模式，與1987年的雙語教育政策並行，認可19種母語（地方方言）

資料來源：筆者自行整理。

參、臺灣的雙語教育

　　臺灣雙語教育實施僅數年，也如菲律賓的雙語教育，在國內引發不同的聲音。以下，筆者說明臺灣的雙語教育現況，政府政策的更名，探討「以華語及英語為臺灣國中小教學語文」的合法性與合理性，並由十二年國教課綱及個人經驗，建議本土語文的學習。

一、雙語教育現況

　　自1958年臺灣省政府推行「說國語運動」以來，臺灣的中小學皆以華語（Mandarin Chinese）[3]為教學語文。這個教室風景在行政院

---

[3] 中華民國成立後，為解決各族群間無法溝通的問題，國民政府學習西方民族國家

（2018）公告「2030打造臺灣成為雙語國家－厚植國人英語力提升國家競爭力」及教育部2020年施政計畫公告「培養臺灣走向世界的雙語人才、全面啟動教育體系的雙語活化」的目標後，有了明顯的轉變，教育界開始在國中小大力推動進行雙語教學，教學語文為華語及英語，即：在課堂上（國小40分鐘，國中45分鐘），教師同時以華語及英語進行學科內容的教學。各校自訂雙語教學的課程，通常是非考科的學科，如：體育、視覺藝術、音樂、綜合、生活或校訂課程等。

　　教育界投入鉅額的經費推動雙語教育，國家發展委員會及教育部（2020）編列預算推動高中及以下學校運用英語進行多領域學習，其中包括補助國中小辦理雙語教學，由2021年到2024年合計18.41億新臺幣。推動雙語教育的國中小校數每年不斷增加，教育部參事邱玉蟾（2021）調查六都推動雙語教育的22個計畫，發現六都推動雙語教育規模，如表3-2。

表3-2

六都國中小推動雙語教育之規模

六都	國小（辦理校數）	國中（辦理校數）
臺北市	67%	71%
新北市	30%	55%
桃園市	19%	36%
臺中市	46%	32%
臺南市	31%	28%
高雄市	22%	38%

統一語言的政策，於1913年將北京的官話定為「國語」，並設計一套「注音字母」標誌國語發音。「注音字母」在1930年更名為「注音符號」。稱北京方言為「國語」的用法，隨著1949年國民政府來臺，在臺灣一直沿用下去。在國際上通稱華語，以與中國的漢語有所區別。

二、政府政策的更名

　　相對於教育界的大力推動，臺灣語文界則是極力反對雙語教育。臺灣語文界由《國家語言發展法》（國家語言發展法，2019）的角度批判「2030雙語國家」政策的謬誤，指英語並非臺灣各固有族群使用之自然語言，非臺灣的國家語言，不能也不應該成為教學語文，並呼籲教育部應全面重新思考獨尊華語及英語的「雙語教育」（何萬順、江文瑜，2021）。臺灣語文學會倡議應以「多語臺灣，英語友善」取代「雙語國家」，呼籲政府改推「本土語言優先」的多語言國家，將國民的自信心立基在國家語言的尊榮感、學習力、生活化和應用力。（臺灣語文學會，2022）

　　對此，國家發展委員會也罕見地二度發布同標題的新聞稿（2022.3.28及2022.6.2），強調「雙語政策與國家語言並重，給下一代更好的未來」。兩篇新聞稿重點一致，強調推動雙語政策旨在提升國人英語能力，而非將英語列為官方語言；考量「2030雙語國家政策」名稱易生誤解，將之更名為「2030雙語政策」；國家語言與國際語言並進推動，無學習時數及資源排擠問題。

　　此二公告標示政府聽進了臺灣語文學會的聲音，更改政策名稱，宣示國際語言與國家語言的同時併進。然，臺灣的國家語言究竟為何？《國家語言發展法》第3條聲明國家語言為「臺灣各固有族群使用之自然語言及臺灣手語」，一般認為是臺語、客語、原住民語、閩東語、華語等，並無英語。

三、檢視「以華語及英語為部分領域教學語文」的合法性及合理性

　　臺灣語文學會倡議英語非臺灣的國家語言，故不能也不該成為教學語文。然，《國家語言發展法》第9條指出「學校教育『得』使用各國家語言為之。」「得」讀音「ㄉㄜˇ」。依據法律用語，「得」不具強

制之意，亦即行為人有選擇作為或不作為之自由。故教學使用華語，是法定國家語言；而使用英語教學，也並未違反《國家語言發展法》。再者，查詢教育部之《國民教育法》（國民教育法，2016），該法並未對國中小階段教學語文有任何規定。故，以華語及英語為臺灣國中小教學語文並未違反《國家語言發展法》及《國民教育法》。

　　國民中小學屬於義務教育，強調公平的學習權，不允許發生Tupas和Lorente（2014）的學術邊緣化（academic marginalization）現象，即由於國家所選擇的教學語文對某些母語族群學生不利，導致其學習表現低落。以下透過臺灣的語言文字書寫系統、人民在家慣用語言調查、國中小學生語言能力調查、英語為通用或官方語言的國家數、雙語教學模式與理念等五層面，說明以華語為教學語文符合國民教育「保障學生學習權」的精神，而以英語教學則有利連結世界。

（一）臺灣的語言文字書寫系統

　　依據行政院（2021a）公告，臺灣語言文字書寫系統有國語（即本文所稱之華語）、閩南語、客語、原住民族語。華語為上四種語文之一，可作為教學語文。

（二）人民在家慣用語言

　　臺灣婦女生第一胎平均年齡為31歲（內政部戶政司，2020）。林曉慧與沈志明（2020）於公視新聞引用中央研究院2013年臺灣社會變遷調查資料，出生年為1976-1985年的國人（2022年時為37-46歲，大約是國中小學生的家長），在家最常用的語言為華語，占43.8%。下一批出生年為1986-1994年者（2022年時為28-36歲，大約是學前及幼兒園學生的家長），其在家使用華語的人數陡增為57.8%。臺灣人民（臺灣學生家長）在家最常使用華語溝通，且有隨年齡層下降而上升的趨勢。

圖3-2

不同年齡的臺灣人在家最常使用的語言

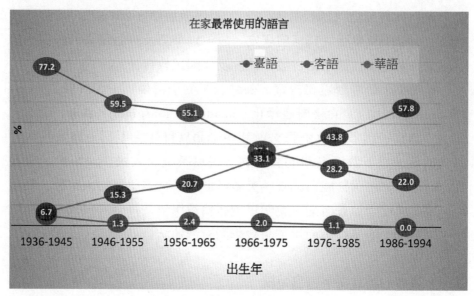

資料來源：中央研究院，2013年臺灣社會變遷調查。

　　張鑑如（2019）以2013年4月1日至2014年3月31日出生的幼兒為調查焦點，調查其父母最常使用的語言，完成家長問卷2,164案。父母是幼兒最親近的人，其最常使用的語言就是幼兒的母語。該期間出生的幼兒至111學年度（2022年8月1日）已長成為8歲5個月到9歲4個月的孩子，相當國小中年級學童。張鑑如發現華語為該群家長在家最常使用的語言，有近九成的母親及近八成的父親使用華語，遠高於排名第二的臺語，詳表3-3。

（三）國中小學生語言能力調查

　　再將目光由家長轉回到國中小學生身上，教育部本土語言資源網（無日期）引用張學謙、張永明、蘇鳳蘭的教育部2017年本土語言使用情況調查，數據顯示77%以上的國中小學生認為自己的華語聽、

表3-3

中年級學童父母最常使用的語言

最常使用的語言	母親	父親
華語	87.5%	77.8%
臺語	9.9%	17.6%
客語	0.3%	0.7%
原住民語	0.0%	0.2%
英語	0.1%	0.3%
其他（含不知道、拒答、不適用、遺漏值、東南亞國家語言等）	2.0%	3.3%

資料來源：張鑑如（2019）。

說「很流利」；而只有22.41%的學生覺得自己的閩南語聽力「很流利」，16.84%的學生覺得自己閩南語說得「很流利」。客家委員會（2017）「105年全國客家人口暨語言調查」統計，13歲以下「客家人口」會聽、說客語的比例為31%及13%。據《客家基本法》對客家人的定義（具客家血緣或淵源，且自我認同為客家人者），臺灣有453.7萬客家人，占全國人口的19.3%（行政院，2021b）。

　　由上述數據可知，華語是最多數國中小學生家長的慣用語，也是最多數國中小學生聽說能力流利的國家語言。國中小學生以華語作為教學語文之一，對絕大多數學生的學習有利。

（四）英語為通用或官方語言的國家數

　　除華語之外，臺灣雙語教育的另一種教學語文是英語。誠然，英語並非臺灣各固有族群使用之自然語言；但臺灣為一島國，必須與世界接軌。依據外交部民國110年2月20日（外公眾規字第11000042880號）函，以英語為官方語言及通用語言之國家有62個。聯合國的會員國大約有190個；換言之，具備英語能力能夠與全世界近三分之一國家的人

民溝通，英語的重要性由此可見，這也是爲什麼菲律賓獨立後仍保留前宗主國語文（英語）爲官方語文及教學語文的原因。再者，臺灣部分學生由幼兒園開始接觸英語，入小學後，校訂課程及部定課程有英語課，還有許多英語的媒體節目或網站，英語對國中小學生而言並非完全陌生。而以英語爲教學語文，可讓兒童練習使用英語表達，有利其英語學習。故筆者贊成以華語及英語爲臺灣國中小的教學語文。這與黃昆輝教授教育基金會（2018）的「國人的教育價值觀民意調查」中，受訪的1,071位臺灣民眾中，有89%贊成中小學設立雙語班（華語及英語）一致。

（五）雙語教學的模式與理念

邱玉蟾（2021）調查發現，六都在推動國中小雙語教育時，採Content and Language Integrated Learning（CLIL）模式有23%，採English as a Medium of Instruction（EMI）模式有13%，不限模式有64%。由於CLIL模式允許Translanguaging（跨語言），教師可依據學生的英語程度及學習反應，靈活決定英語及華語的使用分量與時機。各校在推行雙語教學時，會聘請教授或輔導團教師共同備課及觀議課以確認雙語教學品質；教育行政機關也會以問卷詢問教師、家長及學生對雙語教學的意見，以保障學生的學習。

至於EMI則是全英教學，獨厚英語好（家庭資源多）的學生，易發生學術邊緣化的不公平現象，違反國民教育的公平學習權精神。學生的華語能力是他們學習及思考的利器，國中小學生英語程度有限，如果全英語上課，等於要學生丟棄自己熟悉的武器（華語），用不熟悉的武器（英語）打這場學習的戰役，則事倍而功半。且華語是世界上最多人使用的第一語言，放棄華語並不明智。筆者期待臺灣國中小雙語教學的風景是讓學生學會該領域的知識、態度與能力，並能以華語及英語表達所學。如：小學生上磁鐵單元，透過實驗了解磁鐵的知識，具備科學探究的態度與能力，並能夠表達「同極相斥，異極相吸」及Like poles repel, unlike poles attract.這樣，有學科素養，且能夠以華語及英語表達，在國際上才有競爭力。

四、由十二年國教課綱及個人經驗談本土語文的學習

江文瑜（2021）批評本土語文「每週一堂課，……僅剩象徵意義……」。然，查十二年國民基本教育的部定課程綱要，國中小階段學生由本土語文（閩南語文、客家語文、原住民族語文、閩東語文）、臺灣手語及新住民語文中擇一項學習，每週一節，由一年級延伸到八年級（計320節）。至高級中等學校階段，本土語文／臺灣手語為部定必修科目2學分，上課節數可達210節（教育部，2021）。此符合《國家語言發展法》第9條第2款之「中央教育主管機關應於國民基本教育各階段，將國家語言列為部定課程」。某學生如持續選修某一本土語文，他有十一年的時間（一到八年級，十到十二年級），共530節課可精進該本土語文，加上家長的支持與社區、媒體的環境，應能精熟該本土語文。

筆者的母語為閩南語，成長於國語運動年代，學校沒有本土語文課，筆者仍能流利聽說閩南語。回想起來是透過家長的帶領、臺語歌曲、廣播及節目，上臺語教堂禮拜等途徑而學會的。個人經驗顯示學習母語最自然的場所是家庭、媒體及社區，由這些場所學習閩南語也不妨礙筆者的族群認同。類似的經驗在海外的臺灣人家庭也屢見不鮮，如果家長能堅持以母語與子女溝通或子女接受原生家庭母國的文化，則即便在國外出生成長，也能夠一定程度地使用母語。

肆、結論與建議

菲律賓國中小的教學語文由單語（英語），到雙語（英語及菲律賓國語），到多語（英語、菲律賓國語、方言及區域語文）。這些改變都與其為一個「有眾多族群與語言」的國家有關。臺灣也是一個多族

群、多語言的國家。雙語教育政策推動初期，如同探索船隻初航，不斷思考、調整方向以包容更多人民的聲音。政府也接受臺灣語文學會的建議，將「2030雙語國家政策」更名爲「2030雙語政策」。國中小透過CLIL模式，由各校擇定科目，以最多數國中小學生及家長熟悉的華語及學校課程科目之一的英語爲教學語文，並未違反《國家語言發展法》及《國民教育法》，並由國家課程層面保障學生學習本土語文的時數。這是目前爲止達到的平衡。建議未來研究者可複製Cabansag的研究，由下而上，選擇代表性的城市及鄉村，訪問國中小雙語教育之利益相關者，研究雙語教育政策在國中小推行的狀況及影響，如：是否對某些族群產生學術邊緣化的不公平現象、教師的教學實踐情形、學生的學習表現及族群認同、雙語政策的目標達成情形、各利益相關者對政策的滿意度及建議等，以作爲臺灣推動雙語教育政策的參考。

致謝

　　作者感謝菲律賓奎松市基督教靈惠學院（Grace Christian College）黃婷婷華文教師兼助理主任、馬尼拉雅典耀大學（Ateneo de Manila University）中文系Daisy See退休主任及語言中心Sidney Bata主任協助確認菲律賓資料的正確性。（2022.1.16遠距會議）

參考文獻

內政部戶政司（2020）。**出生數按生母年齡、生母平均年齡及生第一胎平均年齡**。取自https://reurl.cc/akdGEG

江文瑜（2021，9月22日）。民進黨從沒有與國民黨如此契合過—英語+華語「雙語國家」背後的身分認同危機。**思想坦克Voicettank**。取自https://reurl.cc/ZrQpkM

行政院（2018）。**2030打造臺灣成為雙語國家—厚植國人英語力　提升國家競爭力**。取自https://reurl.cc/QjEdbb

行政院（2021a）。**國情簡介—土地與人民－語言文字**。取自https://reurl.cc/9OvMra

行政院（2021b）。**國情簡介—土地與人民－族群**。取自https://reurl.cc/DdjanQ

何萬順、江文瑜（2021，12月11日）。**「2030雙語國家」的謬誤：五項事實+五項建議**。演講發表於黃昆輝教授教育基金會—2021教育政策研討會「臺灣的雙語教育：挑戰與對策」。臺北。

林曉慧、沈志明（2020，12月24日）。臺師大：25歲以下流利使用臺語者低於五成。**公視新聞網**。取自https://reurl.cc/xOvGyZ

邱玉蟾（2021，12月11日）。**地方政府推動雙語教育的挑戰與對策—六都的啟示**。演講發表於黃昆輝教授教育基金會—2021教育政策研討會「臺灣的雙語教育：挑戰與對策」。臺北。

客家委員會（2017）。**105年度全國客家人口暨語言基礎資料調查研究**。取自https://reurl.cc/k7yd4x

原教界編輯部（2017）。菲律賓的民族教育體制。**原教界**，76-79。取自https://reurl.cc/nEneGD

國民教育法（2016）。取自https://reurl.cc/vevmel

國家發展委員會（2022，3月28日）。**雙語政策與國家語言並重，給下一代更好的未來**。取自https://reurl.cc/ZALrml

國家發展委員會（2022，6月2日）。**雙語政策與國家語言並重，給下一代更好的未來**。取自https://reurl.cc/yr9QdD

國家發展委員會、教育部（2020）。**前瞻基礎建設－人才培育促進就業建設2030雙語國家政策（110至113年）**。行政院全球資訊網。

國家語言發展法（2019）。取自https://reurl.cc/12eMZQ

張鑑如（2019）。**幼兒發展調查資料庫建置計畫：36月齡組第一波36月齡**（**D00168**）doi:10.6141/TW-SRDA-D00168-2

教育部（2020）。**教育部109年度施政計畫**。取自https://reurl.cc/loKeXQ

教育部（2021）。**十二年國民基本教育課程綱要－總綱（2021年3月24日修正）**。教育部。

教育部本土語言資源網（無日期）。**本土語言使用情況說明**。取自https://reurl.cc/VjMXay

黃昆輝教授教育基金會（2018）。**國人的教育價值觀民意調查**。取自https://reurl.cc/k7yELr

臺灣語文學會（2022）。**以「多語臺灣、英語友善取代「雙語國家」！臺灣語文學會對「2030雙語國家」政策的立場聲明**。取自https://reurl.cc/M0KXdK

Cabansag, J. N. (2016). The implementation of Mother Tongue-Based Multilingual Education: Seeing it form the stakeholders' perspective. *International Journal of English Linguistics, 6*(5), 43-53.

Cruz, N. S. R. (2022). *It's Filipino, not Tagalog or Pilipino*. Inquirer.Net. Retrieved from https://reurl.cc/pW61kr

Dekker, D. & Young, C. (2005). Bridging the gap: the development of appropriate educational strategies for minority language communities in the Philippines. *Current Issues in Language Planning, 6*(2), 182-199.

Espiritu, C. (1999). The Cebuano response to the language controversy in the Philippines: implications for the intellectualization of Filipino, in M.L.S. Bautista & G. Tan (eds), *The Filipino bilingual: A multidisciplinary perspective*, DeLa Salle University Press, Manila, pp. 65-69.

Gonzalez, A. (1974). The 1973 Constitution and the bilingual education policy of the department of education and culture. *Philippine Studies, 22*(3-4), 325-337.

Gonzalez, A. (1980). *Language and nationalism: The Philippine experience thus far.* Ateneo de Manila/University of the Philippines, Quezon City, Republic of The Philippines.

GOV.PH (n.d.). *About The Philippines*. Retrieved from https://www.gov.ph/es/the-philip-pines.html

Karnow, S. (1989). *In our image*. Ballantine, New York.

Lewis, M. P. (ed.) (2009). *Ethnologue: languages of the world*. 16th ed., SIL International, Dallas, TX.

McFarland, C. D. (2009). Linguistic diversity and English in the Philippines, in M.L.S. Bautista & K. Bolton (eds), *Philippine English: linguistic and literary perspectives*, Hong Kong University Press, Hong Kong, pp.131-156.

Nolasco, R., Datar, F. & Azurin, A. (2010), Starting where the children are: a collection of essays on mother-tongue based multilingual education and language issues in the Philippines. *170+ Talaytayan*. MLE Inc., Quezon City, Republic of The Philippines.

Philippine Statistics Authority (2021). *Population*. Retrieved from https://psa.gov.ph/

Pascasio, E. (1975). The role of the Filipino bilingual in the modern world. *Philippine Studies*, *23*, 370-382.

Republic of the Philippines Department of Education (2016). *K to 12 Curriculum Guide MOTHER TONGUE (Grade 1 to Grade 3)*. Department of Education, Republic of the Philippines.

Tulabut, R. (2021). Bilingual Language Policy in the Philippines.國立臺北教育大學雙語教學研究中心網路論壇。取自http://www.youtube.com/watch?v=mdUM6zUeL70

Tupas, R., & Lorente, B. (2014). A 'New' Politics of Language in the Philippines: Bilingual Education and the New Challenge of the Mother Tongues. In P. Sercombe & R. Tupas (eds.) *Language, Education and Nation-building: Assimilation and Shift in Southeast Asia*, pp. 165-180.

UNESCO (1953). *The use of vernacular languages in education*. UNESCO, Paris, France.

第四章

榮辱與共？——學前雙語教育是融入、溶入還是容入

宋明君
朝陽科技大學幼兒保育系助理教授
宋安凡
國立彰化師範大學碩士生及雙語師資生

楔子

　　歐爸帶著2歲的女兒去參加一個幼兒園的招生教學體驗，台上的幼教姐姐穿著仙女服，拿著仙女棒和一本大本英文繪本，對台下一大群扭動的小娃們溫柔地說：「小朋友好，我是仙杜拉姐姐，今天要用中文和英文講一個故事Cinderella，等一下專心聽的小朋友會有很棒的獎品喔！Once upon a time...」由於仙女姐姐發音標準，對孩子又溫柔體貼，歐爸看女兒也聽得興致盎然，於是歐爸就閉目養神一會兒。故事講完，仙杜拉姐姐開始複習單字：「今天我們學的第一個單字是gar-bage，小朋友跟老師唸一次。」歐爸半睏意地睜開一隻眼想，灰姑娘的故事為什麼會出現garbage這個字？這時仙杜拉姐姐旁邊的主任跑上來說：「小朋友，我們更正一下，這個字是garage，請跟著我唸一次。」安爸雙眼睜開努力地想，灰姑娘的故事為什麼會出現garage這個字？努力看了一下台上的大本繪本，恍然大悟，原來是Carriage！於是歐爸記下這本書的出版社和這家幼兒園的名稱，趁著鐘聲還沒敲完十二響，趕緊帶著女兒離開！

壹、前言──學前雙語教育的起伏跌宕

　　早在2030雙語國家政策並啟動教育體系雙語活化目標之前，幼兒園早就為了迎合家長學英語不輸在起跑線上的一窩蜂需求而競相推出美語教學，當時的幼兒英語熱被兒童英語教育研究所所長張湘君形容為已經達發高燒40度的程度，97%的私立幼兒園都有英文課（張湘君，2003）。然而在師資、課程、教材都欠缺、不全及錯誤百出的狀況下，「英文沒學好，中文也變差」的一片檢討聲，讓教育部不得不出面處理幼兒園美語教學的亂象（滕淑芬，2003）。教育部公告「學齡前幼兒英語教育政策說帖」（2014），提出一個前提、兩個堅持、三種主張、四項作法之宛如意識形態的政治口號，從而幼兒園英語分科教學成為只能偷偷做而不能說的禁臠。但近十年後，在全球化的浪

潮及地緣政治下的國家整體戰略下，行政院宣布2030雙語國家政策，教育部則配合此政策並擬定推動雙語國家計畫及其下的二項質化目標及五項策略（教育部，2018）。然雙語（bilingual）是什麼？其本身就是大哉問。狹義而言，是指用二種語言來實施一般教育方案（Hamers & Blanc, 2000）；然雙語亦可指一個人、一個群體、一個地區、一個國家同時使用二種語言，亦可以指一個現象，也可指一個制度（宋明君，2020）。對幼兒而言，又含指母語的語言發展外的第二語言習得，此又涉及發展中先天與環境間的交互作用，使得學前幼兒的雙語教育的考量複雜且盤根錯節。鉅系統、外系統、中間系統和微系統的各項因素都會對幼兒雙語教育的成果造成影響，而本文擬就全球化與地緣政治方面的考量、幼兒發展中先天與環境因素方面的考量、文化社會和語言學方面的考量及教育政策對教育供需平衡方面的考量四方面分別加以分析。

貳、榮辱——全球化與地緣政治方面的考量

　　行政院拋出2030雙語國家政策發展藍圖，一方面是爲了因應聯合國2030永續發展目標（SDGs）的世界公民責任，另一方面也是爲了避免在地緣政治上被限縮在單一的軌道中。相較於相同是華人爲主體的新加坡與香港，其都比臺灣更加國際化，英文的使用也更普遍，國際商務人士的洽公與商談都暢行無阻，新加坡與香港也長期因這些國際企業與國際金融而享有很高的人均所得。反觀臺灣則有一段時期對中國的貿易依存度非常高，此雖讓許多臺商獲利滿滿，但年輕一代卻須面對工作機會的萎縮。因而在反服貿與反貨貿的太陽花學運下，讓臺灣的政治風向翻轉，新一代的年輕人在投票意向中愈來愈呈現出寧可有自己可掌握的小確幸而不願成爲大國附庸的意向。在此國際及國內的時代背景下，臺灣雙語政策的規劃與願景，則亦企盼能像新加坡一樣能有國際化爲生存空間，並希望避免如香港只算半個國際化，另一半被中國牢牢牽制。

　　或許有人對我們努力學新加坡並避免步向香港後塵的這條路有許多

疑慮，但中美貿易大戰開啟後，臺灣愈來愈無法處在地緣政治的灰色地帶且左右二面逢源，愈來愈被強迫選邊與明確表態。在北風與太陽的比較下，多數人民偏好走向國際，願意從原本的大屋頂遷移至另一個更大的屋頂。而為了結交世界更多的朋友，我們必須讓國際人士在臺灣能暢行無阻，旅遊權威Lonely Planet發布的2022年全球十大最佳旅遊城市榜單中，臺北市榮登第二名，顯示臺灣具備迎接國際人士的良好條件。但我們除了迎接國際觀光客，更需要迎接商務人士與專業技術人員，而這仰賴的是政府機關及民間機構具備接洽國際人士並與其談判的能力，甚至是外籍人士在臺工作時友善的食衣住行育樂環境。因此雙語教育與其說是教英語，背後更是強迫我們走出舒適圈，迎接全世界各色各樣的人士及其文化衝擊我們原本文化及生活的挑戰。

幼兒雙語教育在這場榮辱與共的大遷徙中，自然無法置身事外。但是語言的習得與使用，牽涉到的層面相當廣泛，因語言除了是溝通工具，也是思考工具，更是文化傳承的載具。大到整個國家或社會的環境因素，小到從個人的內在因素，都會影響語言的習得。且幼兒在習得語言時，大腦處理輸入的聲音、姿勢動作、圖像、符號或文字訊息，是以恰可跳躍連結的方式來進行選擇，只有在輸入的訊息剛好能被理解時，才加以接收，而從i進到i+1的階段（Krashen, 1989），亦即太難或太容易的訊息都不容易進入學習的選擇範圍，所以幼兒通常只會對新奇的事情產生興趣，然一旦熟悉後，就又立刻喪失興趣。因此縱使國家有恢弘遠大的雙語國家政策，但語言不是一個像數學、地理、生物般的單獨學科，無法用快刀斬亂麻的魯莽方式來加以解決師資、教材、教法的問題，因地制宜與因時制宜，或許是我們目前摸索前行的安全模式。

參、融入 ── 幼兒發展中，先天與環境因素方面的考量

在各種學前雙語教育的模式中，最受官方青睞的，莫屬英語融入教保活動課程之模式。英語融入教保活動課程模式究竟好或是不好，從不同的角度來看，各有其不同評價。用幼兒發展的觀點來看，語言是溝通

與認知的媒介，因此不應成為一個學科，此即語言能力究竟是後天學習（learning），還是先天習得（acquisition）的爭論。後天論者認為語言是由學習而來，由教師主控的有意識性過程，且可由特定教材與教法來教導。先天論者認為語言習得是一種天生的本能，是非意識性的過程且無法預設安排制式的教導，且語言發展有其特定的發展里程碑，如2月齡會發出咕咕聲、6月齡會出現牙牙學語、1歲齡會出現單字詞、1歲半齡會出現雙字詞、2歲齡會出現疑問句與否定句、5歲齡會使用複雜句、10歲齡能出現主題式演說等。先天論者也認為語言習得有其關鍵期，而證據就來自成年之後再來學習第二語言時，很難到達如使用母語般的流利，因此認為語言不該是用教的，而應該是一種沉浸在情境下，自動化的內隱獲得過程。

　　許多學者站在這種語言先天論的角度上，自會認為幼兒的英語學習須用融入教保活動課程之模式來進行，Diaz（1985）便主張讓幼兒應在自然情境中透過溝通來習得語言，並希望教師儘量以具體的真實生活經驗來引導幼兒。林佩蓉（2004）則提出四種英語融入教保活動課程的實施方式：(1)從角落切入，由角落時間的自然互動來發展成多元主題；(2)從單元切入，由教師安排相關活動，配合國外節慶等單元主題進行教學；(3)從說故事切入，以中文和英文交替來說故事；(4)從轉銜時間切入，利用入園午睡餐點或活動轉換時間，播放英語的韻文、歌謠或有聲書等。

　　然這種方式是否就是所謂的沉浸在情境下內隱的自動化獲得的過程呢？恐非所有的孩子在第二外語的習得上都如習得母語般按照發展里程碑的軌跡前行。第二語言通常會受到母語的影響而以語言遷移的方式習得，不論是同時雙語（simultaneous bilinguals）或是階序雙語（sequential bilinguals）皆是如此，且其中必定有中介語（interlanguage）角色居於之間遷移過程中（Baker, 1997）。Selinker（1972）認為中介語是一種內在語言，是在遷移到目標語言時的一種形式，且不同於任何的語言系統，其包含五種認知過程：(1)遷移源自母語；(2)遷移的訓練乃以習得第二語言為目的；(3)學習第二語言的策略有很多種；(4)使用

第二語言進行溝通的策略也有多種：(5)遷移至目標語言的過程中，常有過度類化的現象。由此得知，每個孩子從母語遷移到第二外語的方法、策略、形式、過程可能都不相同，幼兒成長環境中的主要照顧者的語言，經常互動或遊戲者的語言，都扮演著中介語影響程度的輕重（Selinker, Swain, & Dumas, 1975）。且中介語可以是幫助的角色，也可能是阻礙的角色，會隨著性別、年齡、認知能力、語言天分、情感因素、目標語種和母語語種間的相似性、社會文化的相似性等因素，決定從第一語言遷移到第二語言的順利與否，而這些不同因素的個別影響及其之間的交互作用，亦決定所欲使用之教學法（pedagogy）的成效（Chen & Zhao, 2013）。

　　而現在各縣市辦理的英語融入式教學試辦計畫，傳授了很多技巧，例如：說故事、英語角、多媒體、戲劇、歌唱、生活情境對話、節日慶祝、闖關活動等。但是語言學習最重要的關鍵，還是學習者個人特質因素與環境因素的綜合狀態，與教學者所採用的教學法型態之間的合宜性與適配性（Gleason, 2001）。我們都很稱羨芬蘭教育的成功，然而芬蘭教育成功的關鍵其實在於老師，其老師有高度的應變能力來處理各種學習現場的突發狀況。芬蘭的教師都是激烈競爭下百中取一或千中取一的佼佼者，芬蘭教師的日常教學工作，就是不斷地根據實際教學現場的各種變化來動態規劃與調整其教學策略。如今這個英語融入式教學試辦計畫，最大的挑戰亦是這群培訓後的老師，是否能夠根據幼兒的個人特質及環境狀態來不斷動態調整其教學的方法及策略，以達成最佳的英語學習成效。若只是制式的融入，可能只可算「切入」，仍不能保證之後的融入。Corder（1967）便提出，若缺乏遷移至第二語言的內在轉換歷程的所需資源，這些切入的活動反而是對母語學習的干擾。

肆、溶入──文化社會和語言學方面的考量

　　從母語遷移至第二語言，需要許多內在轉換歷程的資源，Vygotsky（1962）發現嬰兒有很多私語（private speech）的現象，並發現這種

私語是一種問題解決的過程，且發現有更多自我談話（self-talk）的小孩，在許多行為的表現上較成熟也較佳，Vygotsky（1978）認為這是一種於內心解譯與轉化的過程，而之後陸續有研究幼兒心智的學者亦認為分析幼兒的自我語言，是一種可以用來透視幼兒心智運作的窗戶（window into the mind）（Saville-Troike, 1988）。而幼兒在學習第二語言時，往往也常出現私語的現象，並認為私語即是一種藉著中介語提供鷹架，轉換到第二語言的過程。而此現象即Vygotsky（1978）所提出之社會文化理論，其認為人是藉由象徵符號的中介來轉換至更高層、更複雜的心智功能，此種中介或鷹架藉著升高對自己能力的知覺與管控自己的思維過程，來讓目前的心智提升至更高層的階段。另語言學與人類學家E. Sapir和他的學生B. L. Worf亦提出語言相對論（linguistic relativity），認為語言不單純只是反映出人們想法的工具，語言本身就會形塑我們的想法，語言會引導人們的心智活動（Whorf, 2012）。這說明了許多臺灣學生在學英語時，各種學習方法花樣百出，有的使用美語音標、有的使用國語音標，另有的使用國語諧音或臺語諧音，也有用心像策略；還有人猛K單字、有的人生吞文法；亦有人聽歌學英語、看電影學英語、看漫畫學英語等，不論哪種方式，都是運用鷹架或中介語來促發內在的心智轉換。

　　除了在語言層面上的內在轉換資源，政策層面、文化取向及社會態度亦提供學習第二語言的內在轉換資源。例如：日本除了社會的全面西化運動，日文中也用片假名引進大量的外來語。雖然日本人說英文時，常因L和R的發音不分而常在溝通時鬧笑話，但是日本國際化的程度相當高，頂尖的英語人才比比皆是。鄰近的南韓亦有類似情況，由於韓文本身為拼音系統，南韓的媒體文章中也常將原本的韓文詞彙改為用韓文字母拼音的外來語。南韓職場對於英語能力的要求亦相當高，多半企業要求多益成績700分以上，跨國大企業更要求須900分以上。還有許多國家亦有接受英語溶入文化和社會之中的獨特管道，例如：香港和中國大陸對外國語較喜歡用音譯而非意譯，例如：香港將鮭魚稱為三文魚，中國大陸將無尾熊稱為考拉。另外，越南、菲律賓、馬來西亞等東

南亞國家則使用拉丁字母爲該國語言符號，這些都相對地增加英文的詞彙量或語言的融入感。而臺灣，則不論音譯、文字系統、拼音符號，都和英語的拼音符號、字詞系統、語法結構有相當大的差別，這使得臺灣學生學英文時，相對吃力。

　　對於這種原本社會文化環境影響第二語言學習的現象，Schumann（1978）提出涵化（acculturation）理論。所謂涵化，是指一種適應新文化的過程（Brown, 2007）。Schumann（1978）認爲第二語言習得屬於涵化的一個層面，而學習者對目標語言群體的涵化程度，決定其習得該語言的程度。而除了語言層面，政治、文化、社會態度等因素，也會影響涵化程度及第二語言的學習。表4-1整理了使用德語、俄語、法語、阿拉伯語四個語種的國家，比較這些國家對於英語在語言層面、政策層面、文化取向及社會態度的使用狀況與態度。

表4-1

四個語種國家對英語在語言層面、政策層面、文化取向及社會態度之狀況

語種	語言層面		政策層面		文化取向	社會態度	
	借用數量	借用方法	律法限制	官方意見	保護母語	民眾態度	學界態度
德語	很多	按德文書寫或自造	無	樂意使用	否	非常歡迎	不一致
法語	較多	直接借入、意譯或仿構	有	一般反對	是	比較抵制	一致反對
俄語	較少	主要是音借，也用原形	有	堅決反對	否	非常歡迎	不一致
阿拉伯語	極少	音譯、意譯或兼譯	有	堅決反對	是	非常抵制	一致反對

資料來源：引自闕明剛和何偉，2014。

　　在德國方面，由於語種相近，語詞的借用數量很多，官方和民間其對英語的使用也是友善的。但在法國方面，雖然也同屬拉丁語系，許多字詞也是同源，但因文化上的優越感和歷史的糾葛，且與英文處於互相競爭成爲世界語言，因此官方和民間都不太喜歡使用英文，甚至在政策

上也常予禁止與排斥。俄國則因爲語種不同，字母符號亦稍有不同，加上蘇聯共產時代與英美曾處於冷戰狀態，因此對於英語是官冷民熱。阿拉伯國家則文字符號完全不同，連書寫順序都相反，文化更大相逕庭，因此借用英語的語詞極少，加上宗教的仇恨，官方和民間多一致反對英語的使用。綜合表4-1之不同國家以英語爲第二語言的涵化程度，可發現社會文化常會藉由環境脈絡與內在動機影響第二語言的學習，因此若我國要朝向雙語國家邁進，需增加提供語言習得的充分轉換資源，藉由社會文化和語言之間的連結、對照和歸納，方能收到更好的效果。

另基於語言習得與社會文化之間關係的密切性，英、美、澳、歐盟等國家雖已具有以英語爲母語的優勢，但著眼於國際交流時需了解各國文化，因此也鼓勵學習第二外語，並要求在義務教育階段必須學習至少一種第二語言。這些國家也多有訂定了學習第二語言的核心政策，以美國而言，美國將其國外語學習指標歸納爲五大核心，即五個C開頭的字詞——溝通、文化、連結、對照和社群（NSFLEP, 1999）。澳洲則是四個E開頭的字詞爲其核心——平等、經濟、充實、外展（Lo Bianco, 1990）。歐盟的語言政策則包括多語文化、語言多樣性、相互理解、公民素養、社會凝聚力等五項（Council of Europe, 2011）。由此觀之，即使是已有語言優勢的英語系國家，但著眼與世界其他國家能夠更順暢地溝通，也藉由學習第二語言來了解其他國家社會文化，方能體會其思考方式及其價值觀。

伍、容入——教育政策對教育供需平衡方面的考量

我國的《幼兒園教保活動課程大綱》（以下簡稱幼教新課綱）已於民國106年8月1日升格爲正式法案，幼教新課綱包含六大領域，語文領域的課程乃將語文當成溝通系統，希望課程的設計重在增進肢體、口語、圖像符號、文字功能等溝通媒介的掌握，且不希望美語的教學干擾到基本的幼兒語言發展。而Saville-Troike（2003）認爲溝通的能力牽

涉到面對溝通對象時，需對溝通的情境與內容主題有基本的認識。而且溝通的過程中，需將重心擺在對象、情境及主題而不僅是語言本身，才能夠順暢且合宜的溝通。圖4-1為進行溝通牽涉到的相關能力，包括社會文化方面的知識、語言學（linguistic）方面的知識及語言使用方面的知識。首先，社會文化方面的知識，包括溝通對象的性別、年齡、種族、地位等，以及談話主題是屬於休閒、運動、影劇、飲食、動物或是大自然現象等。其次，語言學方面的知識，包括了解對方的語言程度並配合選擇溝通中要用到的詞彙、語句的長度、語調的速度與正確性、語氣的輕重與快慢、子句或修飾具的使用等。第三，語言使用方面的知識，包括了解情境屬於輕鬆、嚴肅、告知、閒聊、分析或是敘述等，欠缺或誤用這些知識，會使得溝通變得不順暢。

圖4-1

與溝通能力之語言有關的領域及其相互關係

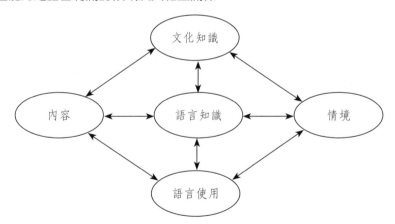

資料來源：引自Saville-Troike, 2012, p.142.

上述這三大類的知識，都應在特定溝通的情境及特定的溝通的主題內容下，隨時動態調整，Tedtalk上有一段Marianna Pascal的演講「Learning a language? Speak it like you are playing a video game.」，其認為學習語言應重在關注正在溝通的對象，而非語言的語音及語法。若在使用外語溝通時，出現缺乏動機及自信、緊張焦慮，害怕失

敗、意圖逃避等狀況，語言的接收與表達就會因情感濾網（affective filter）的阻礙而大受影響。學校中常可見到有些孩子在講英語時，總是擔心發音不準、文法不正確或是用錯字詞，於是當要他們用英文回答時，話常繞在嘴邊卻說不出口。這也說明了部分孩子在學習第二語言時，並非如母語般隨年齡增加而持續進步，第二語言的習得常會出現靜止期（silent period），當陷入靜止期，則不論上多少時間的英語課程，進步似乎都微乎其微，呈現出學習的石化現象（fossilization）（Saville-Troike, 1984）。所以即使有相同的外師及英語教材，及有相近英語程度的兒童，學習的效果仍會因各自面臨情感濾網的狀況而有不同的學習成效。

　　近年，臺北的公幼陸續開始英文教學，亦開始開辦英語融入幼兒園課程的師資培訓，並委託大學執行與公幼合作試辦之英語融入幼兒園課程的實驗計畫。這些新興的幼兒英語教學計畫都依照幼教新課綱內涵及以英語融入教保活動課程模式的原則來開展其課程設計，其特點包括：(1)落實於幼兒生活及課室各項活動；(2)不單獨教導聽說讀寫技能；(3)以本地生活文化為主體，進行不同語言的體驗；(4)不以英語的社會與文化來發展教學；(5)結合幼兒生活經驗；(6)配合其他學習領域統整課程（吳信鳳，2005）。在這些原則下發展出來的英語教學品質，的確可讓新的幼兒英語師資設計出更好的教材，可與本文楔子所舉例十年前一些私立托兒所的品質不佳的幼兒英語教材，有很大的區別。

　　然而，是否一般幼兒園願意投入心力及資源去開發這種融入教保活動的教材，及培訓可以在平時的主題教保課程中進行英語教學的師資，恐怕有待商榷。在公立幼兒園方面，礙於法規及基礎評鑑，多數寧可先採取觀望態度，通常無太高意願去率先挑戰這個禁忌，多數教師也不太願意去接下這個吃力不討好的工作。在準公幼與非營利幼兒園方面，則在融入教保活動模式及分科教學模式中測試師資的課程設計及能力，以及提防如果不小心跨到分科教學的紅線邊界時要承擔哪些後果，寧可用見機行事方式來不變應萬變。反而是私立幼兒園是在家長需

求及招生壓力下，多數早已悄悄地進行英語教學，且頻頻踩在英語分科教學的紅線邊緣。家長之所以對融入教保活動的英語教學興趣缺缺，而希望孩子能夠像美語補習班一樣的進行直接的英語「學習」，背後的想法即希望孩子在日後的升學考試時，英文不要落後且難以補救。

　　雖然以溝通功能為主的英語學習方式相當正確且符合幼兒語言發展原理，但是語言習得除了人際溝通功能外，也包括了學科學習的功能。Cummins（1979）將語言能力分成「基本人際溝通技能」（Basic Interpersonal Communicative Skills, BICS）和「認知學術語言能力」（Cognitive Academic Language Proficiency, CALP）二種各異的能力。BICS是孩子為了日常生活中，人與人際互動時所需具備的溝通能力；相對地，CALP乃非在人際互動的情境下，運用語言來表達事物的能力。獲得人際溝通能力（interpersonal communicative competence）及獲得學科能力（academic competence）所牽涉到的學習活動（聽、說、讀、寫）及能力的等級（語意、語形、語音、語法、論述），在重要性次序上有所不同。著眼於人際溝通能力的語言，重要性的順序為聽、說、讀、寫；但對於學科學習能力而言，重要性的順序則為讀、聽、寫、說（Saville-Troike, 2012）。而家長對子女英語能力的重視，通常不僅是希望孩子能夠與人用英語談話或溝通而已，多半更希望孩子能夠在考試爭取理想學校志願時，不要因為英語這個門檻而被刷掉。家長更不希望孩子進入國小或國中時，因英語基礎差而在學校成為英語課堂上的邊緣人。

　　家長之所以對孩子在英語的學習上如此的敏感與焦慮，除了過去臺灣的英語學習資源較少，需要靠恆心毅力來硬啃單字文法才能將英語學好，英語是一個類似數學或物理般的困難科目。此外，會講英文似乎隱含著高人一等，因為英語不僅是用來與人談話或溝通的工具而已，也隱含著人與人之間權力關係的比較和競爭。Bourdieu（1991）認為社會本身就是一個語言交換市場（linguistic exchange market），說話者透過語氣的狀態、語詞的挑選、句型的直述或倒裝、修辭的婉轉或直白等策略，顯示出身分或階級的高低，也藉此挑選值得結交的對

象。家長一窩蜂讓孩子學英文，背後目的便是為孩子儲存文化資本，Bourdieu（1989）認為文化資本如同財富資本，會透過教育機會的不均等，讓世代間出現複製階級。因此即使英語分科教學已一再宣導屬違法事項，仍無法消除家長對孩子英語學習狀況的焦慮。

在無法消除家長的疑慮及無法讓一般的幼兒園有足夠的師資能夠以英語融入教保活動的方式來設計課程及進行英語教學的狀況下，若我們仍然無法包容幼兒園以坊間出版的整套英語教材來進行英語教學，2030年的雙語國家政策，可預見在幼兒教育階段能展現出的成效可能相當有限。而且我們可能會陷入在語言學習理論及社會階級複製的天平兩端間激烈來回擺盪的循環而難以找到平衡點。因此，縱使我們對於劣質的教材與程度參差不齊的英語師資極度的感冒，且對於補教業者填鴨模式深感不齒，但在兩害相權取其重，及優質與劣質間的灰色梯度很難界定的狀況下，對於存在城鄉差距、數位差距或教養資源差距的族群，包容其英語教學的多種模式，並輔導改善其教學策略，及協助其減少教材的錯誤，或許是我們在邁向2030雙語國家的遠大目標時，目前可以權衡考量的幼兒雙語教育形式。

陸、結語──「榮」、「融」、「溶」、「容」全都入的大熔爐

隨著交通與通訊科技的迅猛進步，世界交流的速度快得讓我們目不暇給。非洲在殖民時代前，有數千種小部落的語言，殖民時代由法語及英語獨占鰲頭，如今英語則是使用最多的語言。2030雙語國家政策給我們一個與這個世界大熔爐接軌的願景，然我們手上的羅盤指針是否真的能將我們導引至遠方正確的位置，是我們目前最大的挑戰。這一段路途必定不是平坦廣闊的，而是蜿蜒曲折的，要如何不迷失方向，測試著政策制定者的智慧，也測試著幼兒園經營管理者對於教育的信念。畢竟在雙語學習領域，有太多五花八門的理論與假說，每種理論與假說也都有層出不窮的檢討與修正，要找出公認的第一性原理，恐怕有其困難。

　　不過如果要勉強使用一組理論來讓眾人能夠凝聚共識，Krashen（1981, 1982, 1985）的監控（monitor）理論或許是雖不完美但仍可借鏡使用的方針。Krashen（1985）監控理論的核心概念包括五個假說，第一為自然順序假說（The Natural Order Hypothesis），意指語言的發展會遵循個體自然成熟的發展里程，本文於第二節已有敘述。第二為習得－學習假說（The Acquisition-Learning Hypothesis），意指語言的習得與學習在本質上有所不同，本文於第三節已有敘述。第三為監控假說（The Monitor Hypothesis），意指真正有效的學習，來自學習者能注意到自己覺知的過程並隨時準備做出動態的調整與適應，本文於第四節已有敘述。第四為輸入假說（The Input Hypothesis），意指大腦在處理輸入的訊息時，會以恰可跳躍連結的方式來進行選擇，本文於第一節已有敘述。第五為情感過濾假說（The Affective Filter Hypothesis），意指當心理阻礙（mental block）出現時，可供理解的語言輸入就會因情緒濾網的升起而無法被使用，本文於第五節已有敘述。由此五個假說，我們可發現，訂定一個最佳的模式，讓全國都依此模式執行，恐怕會因各種內在心理與外在環境的資源差距而有弱肉強食與階級複製的風險。

　　況且我們過去曾對分科英語教學嚴厲的禁止與打擊，如今政策突然轉向，欲重啟幼兒階段的雙語教學，這個重建的工程恐相當浩大。首先在師資方面，師培機構的幼教系與幼教學程，不論是職前師資培育，或是現場教師的在職進修，長久下來都幾乎與英文無太多交集，這造成在職老師往往缺乏意願、信心與能力來進行英語教學。有些私幼願意聘請外籍教師來進行教學，公立學校則須仰賴縣市教育局處的政策和經費。另在英語教材方面，分科的教材由於不符幼教新課綱的英語融入教保活動之原則，因此只能偷偷使用。而第一線的幼教老師或教保人員則欠缺意願將主題課程也同時編製成雙語教材。在師資及教材這二個難關都難以攻破的狀況下，幼兒階段的英語教學可能會與學齡階段的雙語教學全然脫鉤。

　　若欲兼顧全球國際趨勢、幼兒語言發展、社會文化衝擊、政策對族

群之公平性等面向，我們除了允許英語融入教保活動課程的雙語教育模式，或許可在增進社會文化溶入的考量下，以讓幼兒接觸世界各國的社會文化方式來進行英語教學。此外，就語言同時具有溝通功能及學科學習功能的考量下，或許同時讓符合此二種功能的教學可以並行。最後，在避免讓幼兒在英語學習的過程中陷入學習靜止期或產生對英語的排斥，在社會中共同布建英語使用的友善環境，讓學習者認為學習到的英語是可以用得到的，方能讓這群幼苗未來接受且願意迎接雙語國家的到來。

參考文獻

吳信鳳（2005）。臺灣的幼兒英語教學─可行性與實施原則。**外國語文研究，2**，119-140。

宋明君（2020）。推行幼兒雙語教育所該考量的二三事。**臺灣教育評論月刊，9**(10)，52-55。

林佩蓉（2004，5月29日）。在現今的環境下，大家可以怎麼做？幼兒美語學習的合宜觀點與做法。「從幼兒教育談學前英語學習的迷思座談會」發表之論文，臺北：信誼基金會。

張湘君（2003）。我的孩子不會講中文？－張湘君對幼兒全美語教育的省思與建議。臺北：新手父母。

教育部（2018）。**教育部推動雙語國家計畫**。民107年12月10日院教授發綜字第107802190號函。臺北：教育部。

滕淑芬（2003）。打破「越早學越好」的迷思。光華雜誌，2003年5月號。

學齡前幼兒英語教育政策說帖（2014）。民93年10月18日臺國字第0930122656函。

闕明剛、何偉（2014）。非英語國家對英語外來語的政策態度研究。河北聯合大學學報（社會科學版），**14**(3)，頁67-89。

Baker, C. (1997). *Foundations of bilingual education and Bilingualism* (2 nd.). Philadelphia: Multilingual Matters.

Bourdieu, P. (1991). *Language and Symbolic Power*. Cambridge: Polity Press.

Brown, H. D. (2007). *Principles of language learning and teaching.* White Plains, NY: Pearson.

Chen, H. & Zhao, B. (2013). *A Study of Interlanguage Fossilization in Second Language Acquisition and Its Teaching Implications*. International Conference on Educational Research and Sports Education (ERSE 2013). Published by Atlantis Press.

Corder, S. P. (1967). The significance of learners' errors. *International Review of Applied Linguistics, 5*, 161-169.

Council of Europe (2011). *Council of Europe language education policy.* Retrieved from http://www.coe.int/t/dg4/linguistic/

Cruz, Z. J. D. (2015). *First Language Acquisition- Is Children's knowledge of language innate?* Essay of B. A. Kt: 081279-2339.

Cummins, J. (1979). Linguistic Interdependence and the Educational Development of Bilingual Children. *Review of Educational Research, 49*(2), 222-251.

Diaz, R. M. (1985). Bilingual cognitive development: Addressing three gaps in current research. *Child Development, 56,* 1376-1388.

Gleason, J. B. (2001). *The Development of Language* (5ᵗʰ ed.). Boston, MA: Allyn and Bacon.

Hamers, J. F. & Blanc, M. H. A. (2000). *Bilinguality and Bilingualism.* London: Cambridge University Press.

Krashen, S. (1981). *Second language acquisition and second language learning.* Oxford: Pergamon.

Krashen, S. (1982). *Principles and practice in second language acquisition.* Oxford: Pergamon.

Krashen, S. (1985). *The input hypothesis.* Harlow, Essex, UK: Longman.

Krashen, S. (1989). We acquire vocabulary and spelling by reading: Additional evidence for the input hypothesis. *Modern Language Journal, 73,* 440-464.

Lo Bianco, J. (1990). Making language policy: Australia's experience. In Baldauf, R. B. Jr. and Luke, A. (eds.). *Language Planning and Education in Australasia and the South Pacific,* (Multilingual Matters 55) Philadelphia, Clevedon. Retrieved from http://www.multiculturalaustralia.edu.au/doc/ lobianco_1.pdf

National Standards in Foreign Language Education Project (NSFLEP). (1999). *Standards for foreign language learning in the 21st century.* Lawrence, KS: Allen Press, Inc..

Saville-Troike, M. (1984). What really matters in second language learning for academic achievement? *TESOL Quarterly, 18* (2), 199-219.

Saville-Troike, M. (1988). Private speech: evidence for second language learning during the "silent" period. *Journal of Child Language, 15,* 567-590.

Saville-Troike, M. (2003). *The Ethnography of Communication: An Introduction* (Third Edition). Oxford : Blackwell .

Saville-Troike, M. (2012). *Introducing Second Language Acquisition*. New York: Cambridge University Press.

Selinker, L. (1972). Interlanguage. *International Review of Applied Linguistics*, *3*, 209-231.

Selinker, L., Swain, M. and Dumas, G. (1975). The interlanguage hypothesis extended to children. *Language Learning*, *25*, 139-155.

Schumann , J. H. (1978). The Acculturation Model for second language acquisition . In R. C. Gingras (ed.), *Second Language Acquisition and Foreign Language Teaching* (pp. 27 -50). Arlington, VA : Center for Applied Linguistics .

Vygotsky , L. S. (1962). *Thought and Language.* Cambridge, MA: MIT Press.

Vygotsky , L. S. (1978). *Mind in Society: The Development of Higher Psychological Processes.* Cambridge, MA: Harvard University Press.

Whorf, B. L. (2012). *Language, thought, and reality: Selected writing of Benjamin Lee Whorf.* MIT press.

第五章

國際學生能力評量計畫PISA之外語評量架構與雙語政策評論與反思

湯堯
國立成功大學教育研究所教授
鄭文文
國立成功大學教育研究所博士生

　　隨著國際地球村的形成，語言在政治、經濟、教育與文化各方面均扮演著重要的溝通角色。國際組織因會員國的文化背景不同，基於全球性和平合作的基礎，尊重語言文化的多樣性，雙語或多語政策往往就成為其國家語言教育政策的方向之一。但為溝通及國際移動的便利性，通常也必須有共同的工作語言或官方語言的政策指引，當然這也是會形成其語言政策常為會員國及非會員國的指導方針。例如，臺灣正在進行中的「2030雙語政策」，其目的即揭櫫為「提升國家競爭力」與「厚植國人英語力」，在教育體系中對於英語學習環境、教學語言、師資人力、教師雙語教學知能等方面的執行均有其措施與目標；換言之，為與國際接軌，不能不了解及參考國際語言政策之趨勢。本文將先探討臺灣2030雙語政策的相關議題，進而回顧國際組織的語言政策，接續探討經濟合作暨發展組織（Organization for Economic Cooperation and Development, OECD）教育政策之演進與發展及其將在2025年舉辦的「國際學生能力評量」（Programme for International Student Assessment, PISA）首次外語評量（Foreign Language Assessment, FLA）之問卷架構，再由Daniel L. Stufflebeam（2003）的CIPP評鑑模式分析FLA問卷架構，透過分析來了解國際組織對於各國語言政策所欲了解的層面為何，以檢視目前2030雙語政策的實施狀況，冀望能在雙語教育政策制定或是評鑑上，提供可行的建議與看法。

壹、臺灣2030雙語政策之教育意涵

　　臺灣長期對於語言教育極為重視。行政院國家發展委員會（以下簡稱國發會）提出「2030雙語國家政策發展藍圖」（2018b），其推動理念有四點：(1)從需求端全面強化國人英語力；(2)以數位科技縮短城鄉資源落差；(3)兼顧雙語政策及母語文化發展；(4)打造年輕世代的人才競逐優勢。此次雙語政策重於軟體環境的建置，以需求驅動供給，並非如以往為拓展臺灣觀光資源所營造之雙語環境而從供給端所擬定之政策（行政院，2018a）。由其兩大目標：「提升國家競爭力」和「厚植國

人英語力」來看，目的在使青少年精熟一種以上的語言，在教育及就業的國際移動時，能擁有競爭的優勢。

　　臺灣在日常生活、政府機關及教育機構有著共同使用的語言為普通話，英語則為全民共識的外語，也一直被列為各階段學校外語教育的重點語言。自政策推動以來，多數人認為此政策著重的是英語教育，本土語言教育著墨甚少。經過多方熱烈的意見及看法的表達，為避免政策目標被誤解為推動「英語為官方語言」，國發會於2022年6月2日發布新聞稿「雙語政策與國家語言並重，給下一代更好的未來」，將原政策名稱「2030雙語國家政策」改為「2030雙語政策」，強調「2030雙語政策」即為國際語言（英語）政策，與目前同時進行的國家語言政策並重。亦即，除英語為提升國家競爭力外，為尊重多元文化的精神兼顧國家語言文化的傳承與發展，亦同時推動國家語言（國家語言發展法，2019）。此尊重多種語言文化的理念與聯合國教科文組織（United Nations Educational, Scientific and Cultural Organization, UNESCO）及OECD相同。

　　然而，臺灣推動雙語政策的背景與加拿大跟新加坡大不相同，並非因不同族群間跨文化溝通的需要所推動的雙語政策，而是在社會經濟發展前提下，與欲積極走入國際社會的人才培育與教育政策。因此，多位學者專家認為臺灣雙語政策應建構適合本土式的雙語教育模式（林子斌，2020；高實玫、鄒文莉，2021）。林子斌（2021）在談論建構臺灣本土之雙語教育時指出，可以「沃土」（FERTILE）模式的七大原則推動：(1)Flexibility（彈性）：在推動初期需有彈性，應依各校資源及條件而定；(2)Environment（環境）：以完整的雙語環境建置為主；(3)Role modeling（角色典範效應）：學校內校長、行政團隊到教師均為良好之角色典範；(4)Time（時間）：給予充分的推動時間；(5)Instructional strategies（課室教學原則）：授課語言避免中英夾雜或是翻譯，須給予學生完整的雙語輸入；(6)Learning needs analysis and differentiated instruction（學習需求及差異化教學）：注重學生學習需求及差異化教學；(7)Engaging stakeholders（利益相關者的參與）：需要

所有人力的投入。高實玫與鄒文莉（2021）在討論臺灣模式的雙語教育時亦表示，應以全球在地化的理念推動4C 2++課程，即content（學科內容）：應包含知識、能力與態度的涵養；cognition（認知能力）：以高層次思考及學習能力爲目標；culture（文化）：重視情境脈絡的學習，結合教室、家庭、社區與全球；communication（溝通）：學習有效以學科語言溝通；+Translanguaging（跨語言溝通策略）：學習如何有目標性的在多種語言及溝通媒介中做選擇與結合；+Task/Scaffolding（任務／實作鷹架）：深化所學，達到學習遷移的效果。此模式易與108課綱結合，能因應時代變遷滾動修正。雙語政策的目標在於培育人才，接軌國際，所以在不同文化間的國際移動除具備語言溝通能力之外，亦需具有全球素養（global competence）及跨文化溝通（Communicating Across Cultures）之能力，以期能了解、尊重及欣賞其他文化（周珮儀、王雅婷、吳舒婷，2019；葉德蘭，2021）。在周珮儀等人（2019）以PISA2018全球素養認知測驗爲參考架構，研究國民中學英語教科書全球素養概念內容分析時發現，國中英語教科書全球素養相關內容大概占四成，但在全球議題方面的呈現不多，且大半非主學習。而葉德蘭（2021）在探討雙語國家英語文課綱的核心素養議題時，則建議將跨文化溝通的知能納入課程核心素養。

2030雙語政策爲國際語言（英語）政策，與國家語言政策並重，其重點爲培養國人以英語爲有效語言溝通能力，培育國際專業人才，提升國家競爭力。由於政策推動的核心對象是全方位的，包含學生、學校、教師及行政人員，以及相關的外部要素，如學習環境脈絡、課程內容、教學法及教材等，因此，於進行計畫的推動時，亦應考量適合臺灣環境與條件的雙語教育模式。

貳、國際組織語言政策之概述

在推動語言政策時，除爲因應國內政治、教育或經濟建設之需求與提升改善外，爲培育人才，接軌國際，勢必對於國際語言政策的趨勢有

所了解。以下將對於國際組織的語言政策做概略的敘述。

一、聯合國（United Nations）

　　基於語言和文化的多樣性，《聯合國憲章》第55條規定，國際合作應不分種族、性別、語言或宗教，須對人權普遍尊重，這是所有人的福祉和國家間友好關係的必要條件（United Nations, n.d.）。爲實踐此理念，聯合國目前將阿拉伯文、中文、英文、法文、俄文和西班牙文等六種語言列爲官方語言。亦即，多語制在聯合國既是一種資產，也是所有組織的共同承諾，語言和文化是身分確認的關鍵要素（Utoikamanu, 2018）。

二、世界銀行（World Bank）

　　世界銀行（以下簡稱世銀）認爲教育和學習是主要投資。爲了讓各國政策關注於投資本國人民及人民投資於自己的需求，世銀推出了「有效的教學語言政策」以促進人力資本的積累（World Bank, 2021）。世銀對教學語言政策有五個指導方針：(1)從幼兒教育開始，至少在小學前六年，用兒童理解的語言教他們；(2)在閱讀和寫作開始前，使用兒童理解的語言進行學校科目教學；(3)如需教授另一種語言時，將重心放在口語技能的訓練；(4)即使外語成爲主要授課語言，仍繼續使用兒童理解的語言進行教學；(5)根據國家背景和目標，不斷規劃、調整和改進教學語言政策的實施（World Bank, 2021）。

三、歐洲聯盟（European Union, EU）

　　歐洲聯盟（以下簡稱歐盟）有24種官方語言，其語言政策是尊重所有成員國的語言多樣性以及建立跨文化的溝通。外語能力被認爲是所有歐盟公民爲了改善他們的教育和就業機會而需要獲得的基本技能之一，所以將語言學習指定爲重要的優先事項。其語言政策的目標之一是

讓每個歐盟公民除母語外，還需會說另外兩種語言（European Parliament, n.d.）。

四、東協經濟共同體（ASEAN Economic Community, AEC）

東協經濟共同體（以下簡稱東協）成立的主要目的是在經濟、社會、文化、技術、科學和行政領域共同關心的議題上合作和互助；推動農業、工業及貿易部門的增長與改善交通和通訊設施（ASEAN, n.d.）。由於東協成員國的種族、語言、文化、政治和經濟的多樣性，為合作與人才流動的便利性，於是在《東協憲章》第10章34條規定：「東協工作語言應為英語」（Association of Southeast Asian Nations, 2008, p.29）。東協的語言政策讓會員國政府對英語的重視更加提升（Low & Ao, 2018）。

參、OECD語言教育政策之演進與發展

OECD成立於1961年，為政府間的組織，主要關注經濟政策，但教育在其職責範圍內的重要性及影響力日益增加，尤其是在人力資本的架構下，教育已被重新定義為國家經濟競爭力的核心，並與新興的「知識經濟」相關聯（Lingard & Grek, 2007）。自冷戰之後，全球化的興起，對學校教育系統的國際比較壓力日益增加，隨著各國教育政策的發展，使得OECD技術專長的需求不斷成長（Sellar & Lingard, 2014）。自2000年首次實施PISA後，受到了許多國家的政策制定者關注後，成功提升OECD在全球教育的地位及重要性。

OECD對語言教育的議題十分重視，根據OECD於PISA 2018對15歲的學生所做的問卷調查資料顯示，跟只會單一語言的學生比起來，會說一種以上語言的學生，對完成高等教育和擔任經理或專業人士的期望更高，且在學校至少學習一門外語的比例也更高，也更期望從事需要更

多培訓的職業（OECD, 2020）。接受訪談的學生表示，外語是有用的工具，可以為他們提供更多長期教育、培訓和就業機會。所以，在國家的政策下，學校可以影響學生對職業和教育的期望，應讓學生了解精熟外語能力在職場和學習領域所受到的重視，且該提供更多資源來幫助學生將外語融入自己的學習及職業的規劃（OECD, 2020）。鑑於語言的重要性，OECD為進一步了解及比較各國的語言教學、學習狀況及語言教育政策，除原三年舉辦一次的PISA對閱讀、數學和科學的素養的評量外，將於2025年舉辦PISA外語測驗評量，以英語為首輪的測驗語言，每六年舉行一次測驗，之後將陸續加入其他語言的測驗。臺灣於2006年起，已參與PISA，自然不能置身於世界教育潮流之外。再者，PISA所著重的素養表現與所推行的108課綱極為吻合，所以2025年即將實施的PISA外語評量尤須關注。

　　本文將從OECD所建構的PISA 2025外語評量FLA之架構，透過其內容的分析，進一步了解該指評量架構的發展，同時在CIPP評鑑模式的檢覈過程中，反思臺灣的雙語教育政策，期能給予建言。以下將針對PISA外語測驗評量架構作深入的描述與分析。

肆、PISA外語評量（FLA）

　　OECD從2000年開始，三年舉辦一次PISA，對15歲學生的閱讀、數學和科學的素養評量。鑑於學習外語是了解其他文化及主動參與全球化世界的重要先決條件，且對於職場生涯、個體及經濟體系有相當的助益，2025年PISA將首次以全球性的規模評量15歲學生的外語能力。此測驗評量由二部分組成：(1)外語能力的測驗；(2)一套針對教師、學生、學校和家長的問卷以及一個系統級問卷，用於蒐集背景和政策相關訊息。測驗包括在全球化世界中學習和工作所需的關鍵語言能力，著重學生的口說、聽力與閱讀等能力的評量，其目標是為從參與學生的外語能力數據解釋並進行政策相關分析，藉此比較世界各國的學生如何學習語言及確認外語教學最佳的實踐方式，以作為改善外語教學及引導

政策決定的參考（Marconi, Cascales, Covacevich, & Halgreen, 2020；OECD, 2021a）。2025年後，每六年舉辦一次測驗，將陸續涵蓋其他語言及能力的評量。語言能力的分級亦將依據「歐洲語言學習、教學、評量共同參考架構」（The Common European Framework of Reference, CEFR）而進行其相關指引與操作。

一、PISA外語評量問卷架構

PISA的外語測驗評量之架構爲問卷的發展基礎，由學生、家長、教師、校長和政府官員不同來源蒐集有關外語學習的政策和背景資料，全面了解影響外語學習的因素（Marconi, et al., 2020; OECD, 2021a）。此架構主要是依據審視過往利弊得失，進而策劃未來政策之發展；換言之，即是建立回顧外語學習領域及檢視過去評量的文獻，加上外語學習領域專家及OECD會員國的專家（OECD, 2021a）討論所建構。以下將敘述PISA外語測驗評量架構中的問卷架構。

根據OECD（2021a）指出，學生外語的精熟度是外語測驗評量最有興趣的結果，而分析的主要目標是將學生外語的精熟度和政策掌控的相關要素做連結。整體而言，PISA外語測驗評量問卷架構包含四個政策層面（policy domains），9個項目（sections），44個向度（constructs）及兩個橫向主題：資訊與通訊科技（Information and Communication Technologies, ICT），以及在其他學科中使用目標語言進行教學。OECD認爲教育系統需要三個與外語教學相關的政策領域的資料證據：課程，教學與情境（OECD, 2021a）。在課程方面，欲了解外語在課程中的定位，包括開始學習的年齡和語言學習與其他學科的融合；在教學方面，欲了解世界各地的學校系統是如何教授外語；在情境方面，欲了解日常生活中接觸語言及語言學習與精熟的關聯性。經過問卷調查的資料蒐集，可以了解課程決策對學習成果的影響；確定教授外語時，不同方法的最佳實踐；了解個人、家庭與社會對語言學習的影響（OECD, 2021a）。以下爲PISA外語測驗評量問卷架構的解說分析，

分別針對政策層面、項目、向度之敘述說明之：

（一）四大政策層面

　　包含「政府和學校政策」、「學生和學習」、「教師培訓」及「教學實踐」等四個層面。此四個層面是從外語學習領域的國際比較研究中綜整相關層面，經討論後所確認。在四個政策層面中，「政府和學校政策」層面受到政府規章及學校決策的影響較大，涵蓋語言學習在教育系統與學校的廣泛特徵。

（二）9個項目

　　包含「學校學習目標語的場景」及「學校環境」（屬於政府和學校政策層面）；「學生背景、環境和家庭支持」，「學生態度、動機和行為」及「跨文化和多語環境及目標語學習」（屬於「學生和學習」層面）；「人力資源」及「教師」（屬於「教師培訓」層面）；「教學方法」及「評量方法」（屬於教學實踐層面）。此九大項目與其下所屬向度之產出來自於文獻回顧、外語學習領域5位專家及OECD13個PISA參與國的代表與會討論所建構（OECD, 2021a）。最後再由另14位外語學習領域專家、OECD內部同儕審閱和參與2019年PISA理事會會議的國家代表共同討論。

（三）44個向度

　　如表5-1所展示。向度1-4屬於「學校學習目標語的場景」項目；向度5-8屬於項目「學校環境」；向度9-16屬於「學生背景、環境和家庭支持」；向度17-20屬於項目「學生態度、動機和行為」；向度21-23屬於項目「跨文化和多語環境及目標語學習」；向度24-28屬於項目「人力資源」；向度29-31屬於項目「教師」；向度32-42屬於項目「教學方

表5-1

PISA 2025外語評量問卷架構

層面 （Policy domain）	項目 （Section）	向度 （Construct）	政策相關	評估層級
政府與學校政策	學校學習目標語的場景	1.目標語的開始學習時間	基本	生／系統
		2.目標語的學習密集度	基本	生／師／校／系統
		3.班級的大小	相關	師／校／系統
		4.在學校學習的語言	基本	生／校／系統
	學校環境	5.外語的提供	基本	校／系統
		6.目標語學習的充實活動	基本	生／師／校／系統
		7.目標語的補救課程	基本	生／校
		8.外語教學的資源	基本	校／系統
學生與學習	學生背景、環境和家庭支持	9.語言背景	基本	生／父母
		10.父母目標語的流利度	相關	父母
		11.家庭對目標語學習的支持	相關	生／父母
		12.家庭與同儕對目標語學習的觀點與態度	相關	父母／師
		13.家庭與同儕對目標語課程的觀點與態度	相關	父母／師
		14.透過媒體接觸目標語	基本	生／父母／系統
		15.學生參訪其他語言社區	相關	生／父母／系統
		16.於校外面對面接觸及使用目標語	基本	生／父母
	學生態度、動機和行為	17.學生學習目標語的動機	基本	生
		18.學生的感知語言能力	相關	生
		19.學生在學校對於學習目標語的態度	基本	生
		20.在校外花於目標語研讀、作業及其他結構式學習活動的時間	基本	生／父母／師
	跨文化和多語環境及目標語學習	21.社區語言及文化的多樣化	相關	生／父母／系統
		22.尊重及包容來自其他文化及語言背景的人	相關	生
		23.多文化及多語言教育	相關	生／師／校／系統
師資培訓	人力資源	24.目標語的教學經歷	基本	師
		25.目標語教師與工作人員徵用	基本	校／系統
		26.教師的初始教育與資格	基本	師／校／系統
		27.教師的在職訓練	基本	師／校／系統
		28.教學專業化	基本	師／校／系統
	教師	29.教師參訪其他語言社區	相關	師／校／系統
		30.教師對目標語教學的態度	基本	師／生／校
		31.教師的目標語能力	基本	師／系統

層面 （Policy domain）	項目 （Section）	向度 （Construct）	政策 相關	評估層級
教學實務	教學方法	32.聽説讀寫溝通能力的教學	基本	生／師／校／系統
		33.語言知識的教學：文法、發音與單字	基本	生／師／校／系統
		34.文學及文化知識教學	基本	生／師／校／系統
		35.教室的分組及集體活動	基本	生／師／校／系統
		36.跨語境實踐	相關	生／師／校／系統
		37.在外語課程中目標語的使用	相關	生／師／校／系統
		38.教師的講課時間	相關	生／師／校／系統
		39.語言和非語言相關內容的整合學習	基本	生／師／校／系統
		40.目標語教學的教材	基本	生／師／校／系統
		41.教材的使用	基本	生／師／校／系統
		42.CEFR的使用	基本	生／師／校／系統
	評量方法	43.系統級目標語評量	基本	系統
		44.學習評量	基本	師／生／系統

註1：翻譯並整理自PISA 2025 Foreign Language Assessment Framework（OECD, 2021a）
註2：評估層級所列之「生」代表學生；「師」代表老師；「校」代表學校；「系統」
代表政策與指導方針

法」；向度43-44屬於項目「評量方法」。考量政策的相關性，向度的
選取以「基本」與「相關」爲決定的條件，剔除「不相關」者。向度評
量的層級分爲學生、父母、老師、學校或系統。完整的問卷架構描述整
理及呈現請見表5-1。

　　外語評量問卷架構涵蓋的兩個橫向主題：資訊與通訊科技（ICT）
以及在其他學科中使用目標語言進行教學，均是重要的趨勢。在上述的
44個向度中，與ICT相關的向度有（8）包含ICT在學校教學時的實施；
（14）透過新媒體在校內外接觸目標語；（27）包含教師是否有接受
ICT運用的訓練；（35）教室的分組及集體活動時，ICT的實際運用；
（40）包含教學時ICT的實際運用（OECD, 2021a）。自COVID-19的
大流行後，ICT在教育扮演更重要的角色。許多實證研究已證明用科技
資源輔助語言學習的好處（Mkhonta-Khoza & Nxumalo, 2021；Wilkin-
son, 2016）。在「2030雙語國家政策發展藍圖」（行政院，2018b，頁

3）中亦提到，希望借助新興科技與數位學習平台縮短城鄉學習差距，同時也希望建置整合式英語學習與英譯資源平台，善用數位科技所提供的英語學習資源創造個別化學習機會（頁8）。

在許多學校，除了一些外語課程是以目標語教授外，所有科目只用單一語言來教授。有些學校則是用一種以上的語言教授非語言相關的課程。根據研究顯示（Cambridge Assessment, 2017; Mehisto, 2012; OECD, 2021a）用目標語教授其他科目對學生的語言熟練度有直接的影響，且可灌輸學生國際化的思維及促進學習其他外語的動機。綜合以上外語評量問卷架構分析，下一段落將從CIPP評鑑模式分析外語評量問卷架構。

伍、CIPP評鑑模式

在PISA外語評量問卷中，PISA外語評量問卷架構下的政策層面、項目與向度指引之落實，實需依賴追蹤其成效之機制，而評鑑就是追蹤政策成效機制之一。如同Stufflebeam（2015, p.5）所指出，評鑑是對已設定之教育目標的品質、成本效益、誠信、可行性、安全性、公平性和重要性進行描述、獲取、報告和應用描述性和判斷性資訊的系統過程。藉由評鑑，可以引導並強化企業組織、發布問責報告、宣傳有效作法，使決策者、利益相關者和消費者了解需改善的部分（Stufflebeam, 2015）。CIPP評鑑模式由Daniel L. Stufflebeam於1960年代提出，其目的為改善美國城市及市中心學區教學和學習的計畫，並實踐問責（Stufflebeam, 2003）。經過多年的發展，此評鑑模式已被廣用於學校、企業、政府機構和其他組織內部，或由外部評估人員以及希望藉評估改進教學的教師、教育管理人員和其他專業人員所使用（Stufflebeam, 2003）。

CIPP評鑑模式的核心概念為「背景評估」（context）：評估環境中的需求、目標、資產和問題；「輸入評估」（input）：評估競爭策略及所選用方法之工作計畫和預算，以滿足受益人的目標需求；

「過程評估」（process）：在於監控、記錄與評估方案活動；「成果評估」（product）又分三個細項：(1)影響評估：在於評估方案對目標受益者及相關環境的影響；(2)成效評估：記錄和評估品質、成本效益及結果的重要性；(3)永續評估：在於評估方案的貢獻程度或是否成功的制度化，並隨著時間的推移而持續（Stufflebeam, 2015）。換言之，CIPP評鑑模式爲「用以引導計畫、人員、產品、機構和系統評估的綜合架構」（Stufflebeam, 2015）。誠如Stufflebeam所言（2003, p.31）：「評估最重要的目的不是證明，而是改進。」CIPP評鑑模式的優點是：(1)具彈性的特質，可納入質化或量化的調查方法；(2)同時具有形成性評量與總結性評量的特性；(3)可廣納所有參與方案的人員意見（王全興，2009；Sopha & Nanni, 2019；Stufflebeam & Zhang, 2017）。綜合上述分析所指出，CIPP評鑑模式的優點使其被廣泛用於各種領域，如：學校評鑑（許綵澐，2021；熊治剛、伍嘉琪，2018）、語言教育（Sopha & Nanni, 2019；Tunç, 2010；Shih & Yuan, 2019）、語言政策（Takala, & Sajavaara, 2000）、醫學教育（楊聰財、李明濱、吳英璋，2003）和課程改革（Sohail & Noreen, 2020）等。鑑於語言教育政策的實施需要全面性的檢視，以下將探討CIPP評鑑模式與語言教育政策的相關研究。

一、CIPP評鑑模式與語言教育政策的相關研究

近幾年來，鑑於CIPP所擁有的優點，也常應用於語言教育相關領域的研究（Halimah & Hadjar, 2018；Sopha & Nanni, 2019；Tunç, 2010；Shih & Yuan, 2019）。由於語言教育涉及的層面廣泛，爲了確保整個教育系統的品質，評估時應不只是重視學生的學習成就，還應包含學習方案的目標，計畫執行和成果（Halimah & Hadjar, 2018）。Tunç（2010）在其評估安卡拉大學預備學校英語教學方案成效時，以CIPP評估模式，對406名學生做問卷和12名教師做訪談的研究調查，其結果發現安卡拉大學預備學校的英語教學方案部分達到目標，但在

方案的實體條件、課程內容、教材和評量方式需進行一些改進，能使方案更有成效。Halimah和Hadjar（2018）於評估高等教育的阿拉伯語學習時，亦透過「背景評估」評量學習方案的目的和背景之資料；透過「輸入評估」以檢視課程、學生、教師和基礎設施的準確性；透過「過程評估」以顯示課程、教材和媒體在學習活動中的適用性。透過「結果評估」提供有關阿拉伯語學習成果。從以上研究可見CIPP評鑑模式適合語言教育政策的評估。

二、CIPP評鑑模式與PISA 2025外語評量架構

　　如前所提，CIPP評鑑模式（Stufflebeam, 2003）適用於語言教育政策的評估已被許多研究所探討，接下來將以CIPP評鑑模式四個核心概念為基礎，並參照FLA問卷架構的層面、項目、向度建構的定義解說，對外語測驗評量FLA問卷架構中的44個向度做分析歸類（請見表5-2）。

表5-2

以CIPP評鑑模式分析PISA 2025外語評量問卷架構

層面	政府與學校政策		學生與學習			師資培訓		教學實務	
項目	學校學習目標語的場景	學校環境	學生背景、環境和家庭支持	學生態度、動機和行為	跨文化和多語環境及目標語學習	人力資源	教師	教學方法	評量方法
C	1、2、3、4		9、10、11、12、13、15			24、25、28	29、31		43
I		5、6、7、8	14	20	23			37	
P			16	19	21、22	26、27	30	32、33、34、35、36、38、39、40、41、42	
P				17、18					44
總計	44								

註：數字編號為原來FLA問卷架構之向度編號，完整向度內容請參見表5-1。

（一）背景評估

此評估為了解學生與老師相關的環境、條件與背景、設備等資訊。共16個向度。包含學生開始學習目標語的年齡（1）；學習時間長度（2）；班級大小及（3）；在學校已學習及被教授的語言（4）；家庭所用的語言（9）；父母目標語的流利度（10）；家庭對目標語學習的支持（11）；家庭與同儕對目標語學習的觀點與態度（12）；家庭與同儕對目標語課程的觀點與態度（13）；學生參訪其他語言社區的經驗（15）；教師目標語的教學經歷（24）；目標語教師與工作人員可用度（25）；教師教學專業化程度（28）；教師參訪其他語言社區的經驗（29）；教師的目標語能力（31）；系統級目標語評量的設備（43）。

（二）輸入評估

此評估為了解增進語言學習的方式與策略。共8個向度。包含學校外語的提供（5）；目標語學習的充實活動（6）；目標語的補救課程（7）；外語教學的資源（8）；透過媒體接觸目標語（14）；在校外花於目標語研讀、作業及其他結構式學習活動的時間（20）；多文化及多語言教育（23）；在外語課程中目標語的使用（37）。

（三）過程評估

此評估為了解語言學習過程的行動執行與反饋。共17個向度。包含於校外面對面接觸及使用目標語（16）；學生在學校對於學習目標語的態度（19）；社區語言及文化的多樣化（21）；尊重及包容來自其他文化及語言背景的人（22）；教師的初始教育與資格（26）；教師的在職訓練（27）；教師對目標語教學的態度（30）；聽說讀寫溝通能力的教學（32）；語言知識的教學：文法、發音與單字（33）；

文學及文化知識教學（34）；教室的分組及集體活動（35）；跨語境實踐（36）；教師的講課時間（38）；語言和非語言相關內容的整合學習（39）；目標語教學的教材（40）；教材的使用（41）；CEFR的使用（42）。

（四）成果評估

此評估為了解學生學習目標語的影響與結果。共3個向度。包含學生學習目標語的動機（17）；學生的感知語言能力（18）；學習評量（44）。

由以上CIPP評鑑模式分析可見，PISA外語評量測驗的問卷架構，「過程評估」與「背景評估」的向度所占比例較高，其後依序為「輸入評估」與「成果評估」。由於問卷屆時會搭配PISA外語評量測驗施測，參與施測學生的聽、說、讀三種語言能力的表現將以「歐洲語言學習、教學、評量共同參考架構」（The Common European Framework of Reference, CEFR）的成績等級做解說，因此可能在成果評估向度方面的比重較低。可以理解OECD各國代表及專家所欲了解的是語言學習過程，學生的學習環境及背景條件以及各國政府及教育相關單位所做的「行動」為何，進而視這些要素與測驗成績結果的關聯性。

陸、臺灣語言政策的反思

OECD即將舉辦的2025年的PISA外語評量（FLA）的英語首測，其問卷架構綜合了多種語言教育的關鍵要素，對於檢視語言教育政策有很大的助益。本文從FLA問卷架構分析探討，對照臺灣目前進行中的雙語教育政策，提出三點思，分別為脈絡差異（context differences）、認知要素（cognitive components）與可比較性（comparability）。

一、脈絡差異（context differences）之反思

　　由研析外語評量之架構指標發現，學校的背景與資源被OECD列為參考要素，應是認為於教育現場中推動語言政策，需了解各級學校不同背景與資源條件，這對於監控執行過程中，發現問題與找出政策推動成功的因素很重要。從CIPP評鑑模式可看出，PISA外語評量問卷架構的內容重視「過程指標」，而非「輸入指標」。表示OECD已從早期的重視經費投入到重視教育品質的提升。臺灣正進行中的雙語教育政策，需要的正是了解執行過程的行動成效與反饋。例如：從現行的相關政策來看，國發會與教育部在「2030雙語國家政策（110至113年）－前瞻基礎建設－人才培育促進就業建設」（2020）提到國內所欠缺的是能夠使用英語的環境及需求，所以致力於推動提升英語能力的各項計畫，鼓勵並補助各校申請，但是成效卻不如預期；鼓勵大學實施全英教學課程，比率僅達1%（頁3-4）。

　　從實施不同提升英語力計畫的過程，同樣有不如預期的結果，是否應從申請通過學校的優勢，檢視一般學校缺乏參與興趣的原因或是阻礙為何，是缺乏預備課程的規劃，還是未達到全英教學的準備？或是師資的缺乏抑或是資源不足？再者，目前雙語政策在高等教育採用的是選取部分標竿學校或學院加以補助，視其推動成果，將來可當模範學校或學院以供示範參考。但是每所學校的現有資源及條件並不相同，即使標竿學校或學院的成功，其模式並不一定適用於其他學校。各級學校應就其整體英語教育環境背景與學生的學習狀況做調查，在注入資金或資源後，執行並監控，再視其成果。

二、認知要素（cognitive components）之反思

　　簡易言之，於教育現場中推動的語言政策，除了洞悉知識語言能力之外，應同時重視非認知方面的要素，由PISA外語測驗評量問卷架構來看，從層面、項目到向度均由專家從影響語言教學與學習的各種要素

分析、篩選及建構而成，屬於主題式的評量架構。可見其注重語言學習過程的組成：人、教育機構、課程教材與工具，從學生、教師、學校、家庭及目標語課程、ICT的使用等角度，將問題導入與考量交互影響的結果。從架構中也可看動機、態度與感知語言能力等情意方面的向度。目前雙語政策注重的是績效指標、衡量標準及目標值，似乎較沒重視到會影響語言學習的動機、態度及教材的內容等。如能同時考量這些要素，應該對語言學習的推動更有幫助。

三、可比較性（comparability）之反思

評鑑並非萬靈丹（panacea），但它卻是自我檢核（self-study）的中重要依據，建構適切指標系統，呈現可比式追蹤評鑑在推行雙語教育政策時，計畫的推動注重績效指標、衡量標準及目標值，有利於清楚了解推動的進度與成果。如能再建構主題式指標系統，從認知與非認知的能力評量，並將問題與改革影響的報告呈現，應更有利於政策的推動與實施。如能建構可比式的指標系統，將能提升校際間的競爭與參考。如能以校際評比的方式，同時帶動有意願自我提升的學校，提供最佳語言學習模式，應會加速政策的推動成效。

柒、結論與建議

承上，本文從論證國際組織PISA外語測驗評量FLA的內涵、指標層面項目與向度等等，藉由上述的分析，知悉2030臺灣雙語政策的推動與喚起學校教育系統對語言教育的行動熱潮，以下將提供幾點建議以供本文結論與政策建議之參考。

一、設置學校專責單位，執行政策推動核心角色

誠如上述，OECD將於2025年舉辦全球性的PISA外語評量

（FLA）。對各國而言，OECD為專責單位，負責將測驗評量與問卷調查之結果，提供各國語言教育政策的參考。同樣地，就雙語政策而言，如欲全面促進與督導各級學校執行相關重點政策，亦應設置對校內能引導各項相關計畫與活動的配合，且對外為聯絡窗口的專責單位。目前各校執行政策推動單位不一，對於經費的取得、可投入的行政支援、師資人力、校園英語環境營造及學習資源提供與各種執行激勵辦法不盡相同。建議各級學校應由專責單位就其學校整體英語教育環境、課程規劃與學生的學習狀況做檢視，提供教師教學的諮詢及協助與學生學習的輔導。學校專責單位的成立，能監控政策執行過程，使相關活動與計畫的推動更有效率。

二、重視教育階段認知發展差異，推動素養導向的雙語教育

　　雙語政策應配合不同教育階段的認知發展，利用各校既有資源及課程的規劃，參考國際組織的語言教育政策趨勢，融入108課綱核心價值「自主行動」、「溝通互動」和「社會參與」，整合素養教學「知識、能力與態度」的原則（教育部，2018），採雙語授課，並讓學生習慣中英文的使用與轉換，讓語言能力成為基本能力。至大學階段著重學術及專業領域，為了提升國際移動力，英語則為主要授課語言。考量學校、家庭及社區在語言學習過程所帶來的影響，應將這幾個要素連結，讓學習發揮最大的成效，以適合臺灣的雙語教育模式推動雙語政策（林子斌，2020；高實玫、鄒文莉，2021）。

三、建立雙語政策指標系統，協助各級學校自我評鑑

　　目前各級學校雖努力配合推動與執行雙語教育政策，但尚未有目標明顯的指標系統協助教育機構檢視現有的條件或狀況，了解需要多少經費及新舊資源的投入以持續績效或進行改善的方法。建議建立主題式

指標系統，自我評鑑以了解實況，做好下一步的計畫，提升政策實施的效益。且如世銀的「有效的教學語言政策」（World Bank, 2021）所言，需根據國家背景和目標，不斷規劃、調整和改進教學語言政策的實施，才能讓政策的推動得以成功。

參考文獻

王全興（2009）。CIPP評鑑模式的概念與發展。慈濟大學教育研究學刊，**5**，1-27。

行政院（2018a）。《國家語言發展法》－改善語言斷層危機、尊重多元文化發展。取自https://www.ey.gov.tw/Page/5A8A0CB5B41DA11E/acb034c7-e184-4a39-be3f-381db50a6abe

行政院（2018b）。**2030雙語國家政策發展藍圖**。取自https://www.ndc.gov.tw/Content_List.aspx?n=A3CE11B3737BA9EB&upn=5137965B2A81A120

周珮儀、王雅婷、吳舒婷（2019）。國民中學英語教科書全球素養概念內容分析－以PISA2018全球素養評量認知測驗內容領域爲參照架構。**教科書研究**，**12**(1)，1-38。

林子斌（2020）。臺灣雙語教育的未來：本土模式之建構。**臺灣教育評論月刊**，**9**(10)，8-13。

林子斌（2021）。建構臺灣〔沃土〕雙語模式：中等教育階段的現狀與未來發展。**中等教育**，**72**(1)，6-17。

林子斌（2022）。跨文化溝通的基礎：臺灣雙語教育的實踐與挑戰。**課程研究**，**17**(1)，1-13。

高實玫、鄒文莉（2021）。雙語教育不等於英語教育：建立臺灣模式的雙語教育。載於財團法人黃昆輝教授教育基金會主編，**臺灣的雙語教育：挑戰與對策**（頁253-276）。財團法人黃昆輝教授教育基金會。

國家發展委員會（2022）。**雙語政策與國家語言並重，給下一代更好的未來**。取自https://www.ndc.gov.tw/nc_27_35859

國家發展委員會、教育部（2020）。**2030雙語國家政策（110至113年）－前瞻基礎建設－人才培育促進就業建設**。取自file:///C:/Users/Wen/Downloads/2030%E9%9B%99%E8%AA%9E%E5%9C%8B%E5%AE%B6%E6%94%BF%E7%AD%96%EF%BC%88110%E8%87%B3113%E5%B9%B4%EF%BC%89%E8%A8%88%E7%95%AB.pdf

國家發展委員會、教育部、人事行政總處、考選部、公務人員保障暨培訓委員會（2021）。**2030雙語政策整體推動方案**。取自https://www.ndc.gov.tw/Content_

List.aspx?n=A3CE11B3737BA9EB&upn=5137965B2A81A120

國家語言發展法（2019）。取自https://www.moc.gov.tw/content_275.html

教育部（2018）。**十二年國民基本教育課程綱要－國民中小學暨普通型高級中等學校－語文領域－英語文**。取自file:///C:/Users/Wen/Downloads/%E8%AA%9E%E6%96%87%E9%A0%98%E5%9F%9F%E2%80%94%E8%8B%B1%E8%AA%9E%E6%96%87.pdf

許綵澐（2021）。學校評鑑的理想與現實。**臺灣教育評論月刊，10**(6)，95-102。

楊聰財、李明濱、吳英璋（2003）。CIPP評鑑模式在醫學教育領域的適用性。**醫學教育，7**(3)，218-233。

葉德蘭（2021）。跨文化溝通：雙語國家英語文課綱的核心素養。載於財團法人黃昆輝教授教育基金會主編，**臺灣的雙語教育：挑戰與對策**（頁277-299）。財團法人黃昆輝教授教育基金會。

熊治剛、伍嘉琪（2018）。以CIPP評鑑模式面對學校評鑑的因應之道－以高雄市學校評鑑爲例。**臺灣教育評論月刊，7**(3)，135-140。

ASEAN (n.d.). *ASEAN Aims*. Retrieved from https://asean.org/what-we-do#asean-aims

Association of Southeast Asian Nations (2008). *The ASEAN CHARTER.* Retrieved from https://asean.org/wp-content/uploads/images/archive/publications/ASEAN-Charter.pdf

Asia Society (n.d.). *What is PISA and Why Does it Matter?* Retrieved from https://asiasociety.org/global-cities-education-network/what-pisa-and-why-does-it-matter

Cambridge Assessment (2017). Bilingual learners and bilingual education. *Cambridge Assessment International Education, Cambridge.* Retrieved from http://www.cambridgeenglish.org.

European Parliament (n.d.). *Language Policy*. Retrieved from https://www.europarl.europa.eu/factsheets/en/sheet/142/language-policy

Halimah, R. A. U. S., & Hadjar, I. (2018). Arabic Language Learning Evaluation in Higher Education with Context Input Process Product (CIPP) Model. *Alsinatuna*, *4*(1), 33-48. Retrieved from https://doi.org/10.28918/alsinatuna.v4i1.1591

Lingard, B., & Grek, S. (2007). The OECD, indicators and PISA: An exploration of events and theoretical perspectives. *ESRC/ESF Research Project on Fabricating Quality in*

Education Working paper, 2.

Low, E. L., & Ao, R. (2018). The Spread of English in ASEAN: Policies and Issues. *RELC Journal: A Journal of Language Teaching and Research in Southeast Asia, 49*(2), 131-148. Retrieved from https://doi.org/10.1177/0033688218782513

Marconi, G., Cascales, C. C., Covacevich, C., & Halgreen, T. (2020). "What matters for language learning?: The questionnaire framework for the PISA 2025 Foreign Language Assessment", *OECD Education Working Papers*, No. 234, OECD Publishing, Paris, Retrieved from https://doi.org/10.1787/5e06e820-en.

Mehisto, P. (2012). *Excellence in Bilingual Education: A Guide for School Principals,* Cambridge University Press, Cambridge.

Mkhonta-Khoza, P. P. & Nxumalo, M. S. (2021). ICT in Language Learning: Teaching and Learning of the Mother Tongue Siswati. *International Journal of Research in Humanities and Social Studies, 8*(16), 19-27. DOI: https://doi.org/10.22259/2694-6296.0806003

OECD (n.d.). *PISA 2018 Global Competence.* Retrieved from https://www.oecd.org/pisa/innovation/global-competence/

OECD (2020). *How Language Learning Opens Doors,* OECD Publishing, Paris.

OECD (2021a). *PISA 2025 Foreign Language Assessment Framework*, PISA, OECD Publishing, Paris.

OECD (2021b). *Education at a Glance 2021: OECD Indicators,* OECD Publishing, Paris. Retrieved from https://doi.org/10.1787/b35a14e5-en

Sellar, S., & Lingard, B. (2014). The OECD and the expansion of PISA: new global modes of governance in education. *British Educational Research Journal, 40*(6), 917-936. Retrieved from http://www.jstor.org/stable/43297629

Shih, Y. D. & Yuan, Y. P. (2019). Evaluating an English elite program in Taiwan using the CIPP model. *Journal of Asia TEFL, 16*(1), 200-219.

Sohail, M., & Noreen, S. (2020). Evaluation of English Curriculum Reform for Undergraduates by using the CIPP Model. *Academic Journal of Social Sciences (AJSS), 4*(4), 1059-1076.

Sopha, S., & Nanni, A. (2019). The CIPP Model: Applications in Language Program Evaluation. *Journal of Asia TEFL*, *16*(4), 1360-1367.

Stufflebeam, D. L. (2003). The CIPP model of evaluation. In Kellaghan, T., Stufflebeam, D. L., & Wingate, L. A. (Eds.), *Springer International Handbooks of Education* (pp. 31-62). Kluwer Academic Publishers.

Stufflebeam, D. L. (2015). CIPP evaluation model checklist: A tool for applying the CIPP model to assess projects and programs. *Evaluation Checklist Project. [internet]. [diunduh 2019 Nov 6]* Michigan (US): Western Michigan University. Tersedia dari. Retrieved from https://wmich.edu/sites/default/files/attachments/u1158/2019/cippmodel-stufflebeam_2019_04_17. pdf.

Stufflebeam, D. L., & Zhang, G. (2017). *The CIPP evaluation model: How to evaluate for improvement and accountability*. Guilford Publications.

Takala, S., & Sajavaara, K. (2000). Language policy and planning. *Annual Review of Applied Linguistics*, *20*, 129-146.

Tunç, F. (2010). *Evaluation of an English Language teaching program at a public university using CIPP model* [Unpublished master's thesis]. Middle East Technical University.

United Nations (n.d.). *United Nations Charter.* Retrieved from https://www.un.org/en/about-us/un-charter

Utoikamanu, F. (2018, January). *Safeguarding Cultural and Linguistic Diversity in the Context of Global Citizenship.* United Nations. https://www.un.org/en/chronicle/rticle/safeguarding-cultural-and-linguistic-diversity-context-global-citizenship

Wilkinson, M. (2016). Language learning with ICT. In Renandya W. A.& Widodo, H. P. (Eds), *English Language Teaching Today* (pp. 257-276). Springer, Cham.

World Bank (2021). *Loud and Clear: Effective Language of Instruction Policies for Learning.* The World Bank Group.

雙語教育
的
政策省思

第六章

從雙語政策看中小學雙語師資培育

黃政傑

靜宜大學終身榮譽教授

臺灣教育評論學會理事長

壹、雙語國家政策啟動

　　國家發展委員會（2018a）院會通過「2030雙語國家政策發展藍圖」（簡稱藍圖），以2030年為期打造臺灣成為雙語國家作為願景，並以提升國家競爭力、厚植國人英語力作為目標，藉由全面強化國人運用英語聽說讀寫軟實力，進而提供人民優質工作機會，提升臺灣經濟發展。政府相關措施係以需求驅動供給，分成各部會共同推動共同策略（8項）及各部會個別策略（16項）。

　　藍圖執行單位包含國家發展委員會（簡稱國發會）、各部會及地方政府，也結合民間力量。預算資源部分，短期內在各部會預算額度內自行勻支，長期若需另編預算，視財政狀況，於2010年開始編列。績效之評鑑，係依四項策略進行，分別是建立英語資料庫平台、鬆綁教育相關法規、政府服務雙語化、政府採購文件及相關法規雙語化等。在各項策略下訂定關鍵表現指標（KPI）及目標值，例如：第二項的鬆綁《國民教育法》、《高級中等教育法》及《私立學校法》等三個月內送立法院審議，又如第三項各部會官網全面雙語化比率一年內達70%等。

貳、教育體系在雙語國家發展藍圖中的角色

　　為了務實推動雙語政策，教育部（2018b）以「全面啟動教育體系的雙語活化、培養臺灣走向世界的雙語人才」為目標，透過加速教學活化及生活化、擴增英語人力資源、善用科技普及個別化學習、促進教育體系國際化、鬆綁法規建立彈性機制等五大策略，規劃具體推動措施。回應各界對雙語教育之各項疑惑和批評，教育部指出師資整備、弭平學習落差、科技應用、營造英語學習環境四方面的具體作法，期許提供足夠師資、縮短城鄉差距、建置網路學習資源、整合社會英語環境。

　　其後，國發會、教育部、人事行政總處、考選部、公務人員保障暨培訓委員會（2021）共同研擬「2030雙語政策整體推動方案」（簡稱

方案），加強說明雙語政策兩大願景，指出是為「培育臺灣人才接軌國際」及「呼應國際企業來臺深耕，讓臺灣產業連結全球，打造優質就業機會」。再將推動重點對焦於六大主軸來推行政策，包含加速推動高等教育雙語化、均衡完善高中以下教育階段雙語化條件、數位學習、擴充英檢量能、提升公務人員英語力及成立行政法人專責推動等。推動重點的前四項均屬教育體系辦理，就雙語化條件的提升而言，政策方案分成普及提升、弭平差距、重點培育等面向。

參、中小學雙語師資培育之推動

一、全力培育雙語師資

　　藍圖和方案中，教育體系在雙語國家政策上扮演極其重要的角色，因其中之英語力的提升，教育都是核心，也是政策的起點，許多工作都需要教育部、地方政府和學校共同去做，教育部也要提供必要之協助或進行各部門教育資源整合。再就教育體系之雙語活化而言，藍圖中的規劃，除聚焦於修法建立彈性創新學習制度，運用數位科技創造普及的個別化學習機會、促進教育體系國際化之外，規劃中小學英語課採全英語授課（簡稱全英授課或全英教學）、部分學科英語授課，接著要擴增英語人力資源，進用外籍英語教師（教育部國教署，2012、2020、2022）。

　　不過，本國雙語師資仍為主軸。為配合雙語國家政策，本國雙語教學師資之培訓尤其重要。教育部（2018a）訂定「全英語教學師資培育實施計畫」，規範師資生甄選條件、修課規範、教育實習與證書核發等項，積極培育中小學教師的英語教學能力。該計畫的期程分為短期（2019-2022）、中期（2023-2026）、長期（2027-2030），預期目標有兩大項，一是英語科教師以全英教授英語課及其他學科內容及課室語言，二是非英語科教師以英語教授英語科之外其他領域學科。

二、兼顧職前和在職培育

　　培育管道分成職前和在職培育。職前培育由師資培育大學辦理全英教學師資培育課程、研議進行英語教學相關學系轉型或申設全英語教學碩士班。在職進修由師資培育之大學辦理在職教師全英教學增能學分班，包含英文教師和學科教師兩類全英授課增能學分班。或由師資培育之大學辦理全英教學第二專長學分班或申設在職教師全英教學碩士班。培育名額，2019年先採內含方式，2020年之後採外加方式。雙語師資生資格應具備全民英檢中高級初試（聽、讀）通過之英語能力，或具備歐洲語言學習、教學、評量共同參考架構（Common European Framework of Reference for Languages: Learning, Teaching, Assessment, CEFR）B2級（或以上）相同等級的英語能力，由各校參考訂定之。

三、雙語師資必修十學分全英課程再加雙語實習

　　師資職前課程規劃，由師資培育大學依各校培育專業，於教育實踐課程中，擇定任一或數個領域（科別）之教材教法、教學實習課程，使用全英授課，另於教育基礎課程、教育方法課程、選修課程或專門課程中，選擇一至二門課程使用全英授課，合計最低以十學分為原則，可採計於各師資類科的課程架構與總學分數中。全英教學師資培育課程之師資生，其教學實習課程與教育實習，應至實驗學校或雙語學校進行為原則。雙語師資生通過教師資格考試並完成教育實習後，核發教師證書，教師證書上加註「修畢師資職前教育課程包括全英教學師資培育課程」。在職教師修畢全英教學碩士班或全英教學第二專長學分班者，由師培大學核發全英教學學分證明書，教育部核發教師證書。

四、進行全英教學研究

　　本土雙語師資培育有19所師培大學開設培育課程，總共可培育一萬名小學全英教學師資（教育部，2019）。教育部另於2019年補助6所中小學師資培育大學設置全英教學研究中心，持續進行全英教學之課程研究、課室語言彙整，並研發推廣適合我國學生進行雙語學習的教材、教學方法，以精進全英教學師資培育課程之設計，培育專業師資。

肆、問題討論

一、雙語教育的目標與價值

　　2030雙語國家政策發展藍圖，所說的雙語（bilingual）指的是國語與英語。受到質疑的是為何為國英雙語，該政策有無必要，如何界定，如何決策，如何推動，2030年可否達成，這些都是大哉問，各界也多有評估和建言（黃昆輝、吳明清、郭生玉、羅虞村、蔡崇振、馮清皇、許殷宏，2022）。

　　所謂雙語（bilingual），Merriam-Webster Dictionary（2022）的定義是「有兩種語言及用兩種語言表示」，如雙語文件，或者指「能同等流利地使用兩種語言」，如雙語能力。Cambridge Dictionary（2022）解釋Bilingualism（可譯為雙語，另可譯為雙語制或雙語主義），是指熟練運用兩種語言的能力（制度或主張）。雙語國家便是指人民能熟練使用雙語的國家。雙語之外，還有三語（trilingual）、多語（multilingual）的情況。世界上講雙語或多語，不見得都要包含英語。

　　為何要推雙語國家？雙語國家發展藍圖中以國英雙語作為提升英語能力和臺灣經濟發展的手段，藍圖雖有合理化的說辭，但其必要性和有效性受到質疑（諄筆群，2021）。以雙語教育自豪、備受普世肯定

的加拿大，其雙語政策強調的價值不在經濟和競爭力，而在實現包容（inclusiveness）和多元（diversity）的核心價值，培育國民開放心胸接納不同文化和民族（Fleming, 2021）。可惜這部分是我國政策所缺乏的，有待補充。

雙語教育（bilingual education），是一個社會或國家邁向雙語制的重要途徑。雙語教育固可促進學習者有更多機會找到國際性的工作，但雙語教育更直接、更重要的是讓學習者熟練母語或第一語言（mother-tongue/first language）和第二語言（second-language），促進不同族群之間的有效溝通。雙語教育另一功能在於公平正義，學生能以母語或第一語言作為學習媒介和資源，學習及展現知識和技能，感受價值，產生自尊和自我認同，進而也可解決低成就問題，促進教育平等。由於語言是文化的載體，雙語教育也促進文化的多元化，增進不同文化間的溝通和文化差異的理解，展現對文化差異和文化地位的敏覺、尊重、包容和平等對待。

二、雙語教育與本土語文

雙語教育也有助於保存或復興本土語文，比較遺憾的是我國雙語政策並未考慮到本土語。值得注意的是，我國本土語文教學之立法。《國家語言發展法》（2019），明訂國家語言是指臺灣各固有族群使用之自然語言及臺灣手語（第3條）；國家語言一律平等，國民使用國家語言應不受歧視或限制（第4條）；中央教育主管機關應於國民基本教育各階段，將國家語言列為部定課程（第9條第2項）。其中該法規定第9條第2項自2022年8月1日起生效，教育部據以微調十二年國教課綱，規定國中、高中必修國家語言。

雙語政策的兩種語言到底指稱哪些語言？國內政策明確界定的是國語與英語：其中國語是共通語，而英語則是目標語（本土雙語教育模式之建構與推廣專案計畫辦公室，2021）。但實際上有的學校規劃的是本土和國語，或者再加上英語，成為三語。例如：高雄市美濃區推

動中小學客華雙語教學或客華英三語教學（徐如宜，2022）。值得注意的是，有的學者擔心現行國英雙語政策會矮化本土語言，嚴重排擠各項學習資源，會讓本土語教育成為象徵意義而加速流失（徐如宜、趙宥寧，2022）。

三、雙語教育實施模式

　　師資培育切不可閉門造車，必須針對中小學雙語教育推動計畫及改革方向找到平衡點，再來規劃課程。雙語師資培育，需要先界定所謂雙語教學是什麼，如何進行，有了這個圖像才能探討師資應具備的教學能力，進而規劃師資培育課程來培育。

　　雙語教學採用兩種語言教授學術內容，一般是使用母語（或第一語言）和第二語言，並根據課程模式，使用不同數量的各種語言。雙語教育可能針對課程的一部分或全部實施，利用兩種語言作為學生的教學手段，有別於僅用一個科目教授第二語言的方式（Wikipedia, 2022）。教育部以英語「全英授課」及其他領域或科目「英語授課」作為雙語師培的目標。但國內實務上全英授課大都做不到百分百，其中之國英兩語比重如何，常在雙語教學推動時有所規定而引發爭議。

　　雙語教育有三個主要模式：過渡模式（transitional model），強調由母語過渡到目標語的學習；保存模式（maintenance model），重視學習目標語時，維持母語的基本能力；多元模式（pluralistic model），強調無論目標語或母語均能順利成長發展（段慧瑩，2000）。藍圖及方案採取國英雙語，比較像是多元模式，但政策規劃似未考量雙語教育對國語和本土語學習的負面衝擊。

　　目前國內雙語教育推動的有內容和語言整合式學習（Content and Language Integrated Learning, CLIL）、全英語授課模式（English as a medium of Instruction, EMI），後者在實際執行時，又分成全部英語、部分英語（以百分比界定，例如：大學英語教學博士班90%、碩士班70%、學士班50%，中小學參考比照訂定之，各地方和學校有

別）。CLIL、EMI在國內中小學都有學校採用，參與推動的學者主張不同。有學者主張雙語教育並非全英語教學，建議無須綁定雙語在課室使用的比例，勿盲目移植國外經驗或未經轉化的特定教學取向（林子斌，2020）。學生英文程度是個大關鍵，有的學者批評英語教學都教不好，學生英語程度雙峰落差尚無解方，雙語教學如何能成功（諄筆群，2021）。學者批評指出，從科目、老師、學生、課本、考試和環境來看，雙語教育是不可行的，並認為有相當多學生的英文程度是需要加強的，不該高談雙語教學（李家同，2020）。這些批評確實點出問題之所在。

四、實施雙語教育的課程領域及全英或英語授課

雙語教育推動一開始未能針對全部課程，政府和推動學校需要選擇實施的課程領域或科目。教育部（2019）規劃落實全英教學，認為全英教學課程優先研究的領域科目，中等學校以英文、數學為主，國民小學以數學、自然科學、藝術與人文等領域為主。但教育部國教署（2021）推動「國民中小學部分領域課程雙語教學實施計畫」，作為英語學科教學的延伸，協助國民中小學發展並實施雙語教學活動，用英語作為學習其他領域之工具，對焦於藝術、健康與體育和綜合活動等跨領域的知識與技能，與前者並不一致。實際分析前述計畫的資料，發現國小實施的雙語教學，以藝術、健體、自然科學、生活課程、綜合活動為主，國中則聚焦於數學、社會、科技、健體、藝術、綜合活動。

全英語授課的師資培育，可能是個大挑戰，問題點在於根據教育部的規劃，本國籍1.7萬名英語教師，英語課尚未能做到全英授課，還需要改善他們的全英授課能力，以利於提高學生課堂運用英語對話練習頻率及口說參與度。但英語科全英授課不單純是老師能力問題，也涉及學生能力和其他因素，是否真能推動起來，值得再觀察。另外，還要英語教師協助部分領域／學科進行雙語教學，但這會遭遇到學科教學能力問題。其他領域、科目教師，其平均英語能力相對地比較弱，要做到全英

授課的難度更高，究竟要老師怎麼教，需要釐清。

五、雙語師培課程規劃與授課師資

再就目前師資培育課程的規劃來看，教育部要求教育實踐課程中擇定任一或數個領域（科別）之教材教法、教學實習課程，使用全英授課，還要搭配教育基礎課程、教育方法課程、選修課程或專門課程，於其中選擇一兩門課程，這個規定看起來對專門課程相當不看重。使用全英授課合計最低學分數的十學分，主要是教育專業課程（教育學分），專門課程會被放棄，就算有，所占學分數必然很少。問題在於培育任教專長的專門課程（師資生未來任教領域或學科相關的課程）是很重要的，這是教師教學的重要內容，在師資培育機構未安排妥善的英語授課，師資生到學校做雙語教學會遭遇很大的困難。另外，實驗學校或雙語學校的雙語教學環境如何，雙語師資生的教學實習和教育實習成果如何，亦值得再深入了解。

站在更高角度來觀察，雙語師培要考慮由哪些大學老師來擔任十學分之全英授課，現職教師是否能勝任，值得留意。分科教材教法和教學實習有可能是任教學科專長相關學系之教授擔任，教育基礎和教育方法大部分則是教育專長學者擔任。實際上即便是曾在英語系國家的大學留學回國任教者，也不見得都能以全英授課，因而常常找不到適合的老師願意承擔。有的大學要求新聘教師錄取後，必須全英授課，趕鴨子上架。換言之，就算招收到英文條件好的師資生，師資培育之教育專業課程全英授課成效，仍視任課教師之全英授課能力而定。不論小學或中學雙語師培，任教領域或科目相關學系課程任課教師的英語授課也是一樣。真正的學習成果，有待就雙語師資生的學習表現，再深入探究。

六、雙語師培評鑑和改進

「2030雙語國家政策發展藍圖」之政策評鑑，對未來該藍圖的改

進很有價值，其中教育部門之師資培育和其他推動策略的評鑑和改進也是如此。不過無論藍圖或推動方案，都採取關鍵表現指標的評鑑策略，這到最後可能流於做資料和玩數字

例如：有個KPI這麼寫：

到了2024年，累計培育6,000名本國籍雙語教學師資，全國每5所學校，就有1所學校引進外籍英語教學人員或部分工時之外籍英語教學助理；到了2030年，累計培育15,000名本國籍雙語教學師資，並達成全國公立國中小均引進外籍英語教學人員或部分工時之外籍英語教學助理，而全國每3所公立高中，就有1所有外籍英語教學人員（國發會等，2021）。

另一個KPI這麼寫：

到了2024年，全國有60%高中以下學校落實英語課採全英語授課，且每7所學校就有1所於部分領域課程實施雙語教學；到了2030年，全國100%高中以下學校落實英語課採全英語授課，且每3所學校就有1所於部分領域課程實施雙語教學（國發會等，2021）。

這些指標顯示，2030年無法達成雙語國家藍圖的目標和願景，最多只能做到一部分，因為中小學階段做雙語教育的學校只有一部分，且只選部分領域或科目去做，甚至於只是其中的少數幾個單元，KPI也看不出對雙語教學品質有何要求。這麼說來，若這個政策要繼續做下去，必須在過程中做好評鑑，找出實際上學校的雙語教育怎麼做，成果和品質如何，利弊得失和問題及困難怎樣，進而規劃下一波藍圖，或者在過程中滾動式修訂，期能更普遍、更優質地推動。

伍、結語和建議

　　國內雙語師資培育的推動，必須依據「2030雙語國家政策發展藍圖」和「2030雙語政策整體推動方案」，作為最高指導原則，並依教育部訂定的雙語活化五大策略、全英語教學師資培育實施計畫進行。本文討論雙語師培密切關聯的六個面向，包含雙語教育目標與價值、雙語教育與本土語文、雙語教育實施模式、實施雙語教育的課程領域及全英或英語授課、雙語師培課程規劃與授課師資、雙語師培評鑑和改進等，其中都有值得商榷的問題。本文針對這些問題，提出如下建議，供後續實施和改進之參考：

　　1. 雙語政策的目標宜在培育英語力和提升國家競爭力之外，務實增加文化和族群包容與多元的目標，設定更長遠可行的期程和策略。

　　2. 雙語政策和國家語言政策雙軌平行規劃和運作，宜檢視學生學習需求和學習負擔，及其他課程領域和學科所受之衝擊，進行必要之整合，採取因應行動。雙語教育之推動究應採國英雙語或國英和本土三語，甚至是否還有其他模式，例如：為了培育第二外語人才而加入第二外語，宜更明確地在政策上加以釐清，容許辦學彈性，並探究雙語教學、多語教學的實施方法，據以培育師資。

　　3. 雙語教育適用的課程領域，宜進行全面檢視和討論，對於現階段中央、地方和學校三方推動的焦點（領域或科目，升學和非升學考科）及採用的雙語教學模式（CLIR、EMI－全部或部分時間英語授課），也要深入比較其利弊得失，進行必要調整；希望針對雙語教學實施的領域和科目、教材、評量、師資、環境及升學配套，都要務實檢討。透過英語科全英教學培育英語力的目標，亦宜檢討傳統英語師培課程規劃和實施的病因，才能對症下藥。

　　4. 推動方案針對雙語教育策略訂定的關鍵表現指標顯示，「2030年雙語國家發展藍圖」目標無法一步到位，宜採取滾動修訂方式，訂期修正行動方案。雙語教育、雙語師培之實施亦宜持續不斷進行評鑑作為改革依據，但不宜限於關鍵表現指標，更宜著重雙語教育的品質，才是

正道。

5. 全英教學不等於雙語教學，宜檢討及修訂全英語教學師資培育實施計畫，檢視師培機構的雙語師培計畫運作和實效，師培課程宜強化雙語教育的理念目標和價值、雙語課程規劃、雙語教學模式、雙語學習方法、學習評鑑方式、雙語師資專業發展、數位雙語媒體實效、雙語教育推動評鑑和改進等重點。

6. 雙語師培要把配套措施做好，切勿遺漏提供大學師培所需要的各項支持和協助。雙語師培課程的師資相當重要，要培育中小學優秀雙語師資，師培機構一定要有優秀的雙語教學師資，才能產生期許的成果。中小學在職教師需要進行雙語教學進修，大學教師也是一樣；中小學需要外師協助，大學同樣需要；中小學要推動國際交流和合作以促進雙語教育，大學更是如此。至於雙語師培需要的數位媒體，更需要升級。

7. 雙語教育的推動同樣需要把研究做好。教育部成立的研究中心很重要，期許要有充足的研究經費和研究成果。希望先評估重要研究主題，分工進行研究，每年並滾動修訂研究題目。其中很重要的是雙語教育可能對英語之外的各領域課程產生排擠和衝擊，包含第二外語、本土語文、國語文等等都是，切不可忽略。更重要的是，研究結果的利用，各中心的研究也要整合其他研究結果，作為有效改進雙語教育規劃實施和成效的參考。

參考文獻

本土雙語教育模式之建構與推廣專案計畫辦公室（2021）。國民中小學部分領域課程雙語教學實施計畫：本土雙語教育模式之建構與推廣。取自https://clseap.ccu.edu.tw/contents/begin.php

李家同（2020）。平心靜氣談雙語教學－絕不可行。取自https://www.facebook.com/profile.php?id=100007748738834

林子斌（2020）。臺灣雙語教育的未來：本土模式之建構。**臺灣教育評論月刊，9**(10)，8-13。

段慧瑩（2000）。雙語教育模式。**教育大辭書**。取自http://terms.naer.edu.tw/detail/1315269/

徐如宜（2022，2月5日）。本土語教育／客華雙語教學　美濃費時8年做到了。**聯合報**。取自https://udn.com/news/story/6885/6060961

徐如宜、趙宥寧（2022，2月5日）。雙語政策獨尊英語　學者憂恐滅絕在地語言。**聯合報**。取自https://udn.com/news/story/6885/6060963

國家發展委員會（2018a）。**2030雙語國家政策發展藍圖**。取自https://ssur.cc/zJ2y7uhk

國家發展委員會（2018b）。**2030雙語國家政策發展藍圖**（第3629次院會會後記者會懶人包）。取自https://ssur.cc/oHv2Q8Xr

國家發展委員會、教育部、人事行政總處、考選部、公務人員保障暨培訓委員會（2021）。**2030雙語政策整體推動方案**。取自https://ssur.cc/r8C2JwUY

國家語言發展法（2019）。取自https://law.moj.gov.tw/LawClass/LawAll.aspx?pcode=H0170143

教育部（2018a）。全英語教學師資培育實施計畫。取自https://ssur.cc/4jwT7

教育部（2018b）。全面啟動教育體系的雙語活化、培養臺灣走向世界的雙語人才。取自https://ssur.cc/5u8V8

教育部（2019）。教育部啟動全英語教學師資培育計畫　培育學科英語教學專業師資。取自https://ssur.cc/3qfjL

教育部國教署（2012）教育部國民及學前教育署補助直轄市縣（市）政府協助公立國民中小學引進外籍英語教師要點。取自https://edu.law.moe.gov.tw/LawContent.

aspx?id=FL034148

教育部國教署（2020）。教育部引進英文外師計畫　活潑教學引導學生　不怕開口說英語。取自https://ssur.cc/fk9Rs

教育部國教署（2021）。國民中小學部分領域課程雙語教學實施計畫。取自http://im-mersion.ntue.edu.tw/

教育部國教署（2022）。教育部111年度招募「部分工時外籍英語教學助理」。取自https://ssur.cc/PJrYe

黃昆輝、吳明清、郭生玉、羅虞村、蔡崇振、馮清皇、許殷宏（2022）。雙語培力接軌國際：「臺灣的雙語教育研討會」綜合建言。臺北：財團法人黃昆輝教授教育基金會。

諄筆群（2021，11月1日）。「雙語國家」如夢幻泡影。風傳媒。取自https://www.storm.mg/article/4018352?page=1

Cambridge Dictionary (2022). *Bilingualism* . Retrieved from https://ssur.cc/t8r2LvQT

Fleming, E. (2021). What countries are considered bilingual? *SidmartinBio: Wide base of knowledge*. Retrieved from https://www.sidmartinbio.org/what-countries-are-consid-ered-bilingual/

Merriam-Webster's Dictionary (2022). *Definition of bilingual*. Retrieved from https://www.merriam-webster.com/dictionary/bilingual

Wikipedia (2022). *Bilingual education*. Retrieved from https://en.wikipedia.org/wiki/Bilin-gual_education

第七章

推動雙語教育政策的配套措施——首批雙語專長教師面臨狀況之省思

林偉人

輔仁大學師資培育中心副教授

陳姿吟

新北市新莊國中教師

壹、前言

雙語教育（bilingual education）一詞源於美國，以多元文化教育理論爲基礎，目的在協助外來移民者融入主流社會，並維持其母語文化之發展。而同爲亞洲國家的新加坡，其雙語經驗常被拿來當作臺灣雙語教育的借鏡，但新加坡曾受英國殖民，在國情與雙語的定義上，也與臺灣不同，新加坡的共通語是英語，而目標語爲各族群之母語，兩國在共通語及目標語的設定上有很大的差異（林子斌，2020）。

在2018年底，行政院公布了「2030雙語國家政策發展藍圖」，期能透過雙語政策提升國家競爭力及厚植國人英語力（國家發展委員會，2018）。教育部（2018）亦配合上述藍圖，發布新聞稿表示將以「全面啟動教育體系的雙語活化、培養臺灣走向世界的雙語人才」爲目標，透過加速教學活化及生活化、擴增英語人力資源、善用科技普及個別化學習、促進教育體系國際化、鬆綁法規建立彈性機制等五大策略，強化學生在生活中應用英語的能力及未來的職場競爭力。

然在，在臺灣，英語並非我們的官方語言，亦無受歐美國家殖民的歷史背景，因此我國與國外雙語教育推動目的截然不同。此外，臺灣雙語教育政策處於起步階段，相關配套措施尚未到位，雙語教育的實施勢必會遭遇許多難處，如何配套的從教育主管機關、師資培育機構及學校行政單位來解決在第一線推動雙語教育的教師所遭遇的問題，將是雙語教育是否能成功推動的重要關鍵。

本文所討論的雙語教育，範圍界定爲臺灣的中英雙語教育，本文旨在以研究爲基礎，透過對於新北市國民中學109學年度教師聯合甄選之合格雙語專長教師之訪談結果，提出推動雙語教育政策應有之配套措施。而上揭雙語專長教師正是「2030雙語國家政策」下，首度納入教師聯合甄選召聘之對象，首波雙語專長教師推動雙語教育的現況與遭遇的困境，對臺灣推動雙語教育更有其參考價值。

「徒法不足以自行」，有藍圖、有目標，不代表雙語教育能自然地推動成功，更不代表雙語國家能順利達成，值此政府將雙語國家、雙語

教育的推動列爲未來的施政重點及教育部宣示將大量投入預算推動雙語教育之際，專爲推動雙語教育而甄選之雙語專長教師的心聲，或許更值得省思。

貳、美國、新加坡及印度雙語教育的發展

　　Kachru（1992）以三個同心圓（three concentric circles）說明英語在全球散布的狀況，分爲內圈（The Inner Circle）、外圈（The Outer Circle）與擴展圈（The Expanding Circle）。由圖7-1可知，英語透過同心圓的散播情形。

圖7-1

英語同心圓理論

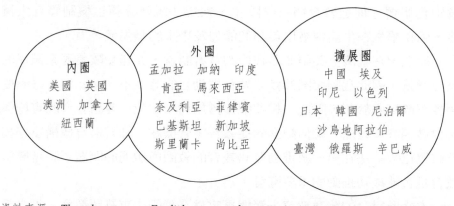

資料來源：*The other tongue: English across cultures*(2nd ed.), by Braj B. Kachru, 1992, Urbana and Chicago: University of Illinois Press, p.356.

　　圖7-1中的內圈爲傳統英語爲母語的國家，被視爲標準英語的規範，約有三億五千萬人，如美國、英國、加拿大、澳洲、紐西蘭；外圈國家曾被內圈國家殖民，即使已脫離殖民統治，仍保有英語環境，英語發展具制度化，對外是重要的官方語言或第二語言，同時對內扮演連結多元族群間的溝通橋梁，約有三、四億人數在日常生活中使用英語，如

印度、新加坡、菲律賓、肯亞等國家；擴展圈國家體認到英語為國際化的語言，將英語列為重要的外語學習，但因無被內圈國家殖民的歷史背景，英語沒有特殊的行政地位，缺乏英語學習環境，因此須致力於學習環境的打造，如臺灣、中國、日本、韓國等國家。由於擴展區的國家除近期的臺灣外，在中小學教育系統中係推行外語教育政策而非雙語教育政策，因此茲就內圈及外圈國家中之美國、新加坡及印度雙語教育之發展說明如下，並試就三國雙語教育發展上之重要特點加以歸納，以為臺灣發展雙語教育之參考：

一、美國

雙語教育源自於美國，美國曾有民族大熔爐（melting pot）之稱，是典型的移民國家，自十八世紀起，移民人數不斷增加，雖然英語是主流社會使用的語言，但至2003年，多元族群所使用的語言已多達400種（何倩、劉寶存，2014）。1960年代廢除種族隔離政策，多元文化教育興起，以沙拉盤（salad bowl）存同求異概念漸而取代大熔爐去異求同的說法，意即如同沙拉盤中繽紛菜色，每種顏色形狀相互依賴卻又獨立，也就是說，一個社會中具有多元文化，各文化依舊保有固有特色（王穎、張雁，2010；楊智穎，2015），正因此，協助弱勢族群融入主流社會，具備好的英語能力，並且維持母語發展，是聯邦政府長期以來關注的焦點之一。

就美國雙語教育發展而言，始於十七、十八世紀移民湧入，當時政府對雙語政策採自由發展、放任態度，各州雙語教育發展有其彈性空間，尊重各國移民的母族文化，當時以德語及英語為廣泛雙語語言，也開始設立雙語學校；二十世紀初，本土主義興起，推行美國化運動（Americanization），加上第一次世界大戰反德聲浪高漲，不少外來移民遭受歧視排擠，因此當時雙語教育式微（陳幼君，2007；高櫻芳，2011）；直到二十世紀中期，民權主義與多元文化思潮興起，於1968年頒布《雙語教育法案》（Bilingual Education Act），正式將雙語

教育制度化與法制化，以下綜合幾位學者的整理，將1960年代之後分為三個發展階段做說明（陳幼君，2007；高櫻芳，2011；何倩、劉寶存，2014）。

（一）興盛期（1960-1979年）

1968年的《雙語教育法案》，主要針對母語非英語且英語溝通能力有限（limited English-speaking ability, LESA）的學童，協助他們在學習母語的同時，亦能增進英語能力，為達此目的，針對教材研發、教師職前與在職培育、家長相關雙語計畫成人教育等制定法源規範，提供經費資助，實屬補償性的政策。法案執行過程中，經過兩次修訂，從過渡性教學模式走向雙向式教學法，接納弱勢族群語言文化。加上其他方案輔助，如1975年《勞治癒方案》（Lau Remedies）強調雙語教育相關教育方針，彌補雙語教育法案的缺失（何倩、劉寶存，2014）。

（二）衰退期（1980年代）

此時期學者們聚焦在雙語教育是否能帶來實質的成效，加上去異求同的社會氛圍濃烈，雖移民人數持續增加，接受雙語課程計畫人數反而減少、全英語課程人數增加。此外，政府投注經費在雙語教育上，惟著重在教師培訓與全英語課程。

（三）不穩定期（1990年代之後）

因布希政府與柯林頓政府積極推動雙語教育，肯定弱勢族群的母語對英語學習轉移功效，短暫恢復雙語教育之推動。一直以來，學界對於雙語教育分為贊成與反對兩大學派，主要觀點在於是否接納弱勢族群文化而產生的論戰。加上1998年加州公投通過以英語教育為先的《227提案》（Proposition 227）與2001年總統布希頒布的《不讓孩子落後法》

（No Child Left Behind Act），鑑於長期下來仍有許多貧窮孩童學習落後，為減少不同種族的學習落差，確實落實閱讀教學，針對三至八年級學生進行年度閱讀與數學評量，評量依據各州學生的貧窮、種族、英語程度等情形，確認各州學生學習是否落後，訂定適當的矯正方案，此法強調學生英語能力，因此《雙語教育法案》正式走入歷史（劉慶仁，2005）。

　　綜合以上美國雙語教育發展可知，雙語教育不單是語言與教育而已，還牽涉到種族文化與政治社會議題，因此，美國雙語教育發展不因時空演進而制度臻至成熟；相反地，依據當時的社會態度，雙語教育政策有不同規劃與走向（王穎、張雁，2010）。雖然美國雙語教育發展因政治因素有許多不確定性，但唯一確定的是，雙語教育的相關課程設計、教師培訓等均有法源規範，這也是臺灣在推動雙語教育需引以為參考的學習經驗。

二、新加坡

　　以Kachru的同心圓理論來看，新加坡是外圈國家，曾受過英國殖民統治的歷史背景，境內族群語言文化多元，是個典型的多語社會，自從1959年正式脫離英國殖民獲得自治權，語言的統一是新加坡國力興起最重要的課題之一（李光耀，2015）。馬來語、坦米爾語與中文（新加坡稱為華語）是主要三大族群語言，其中以華語使用人數最多，族群間不熟悉彼此的母語，因此英語成為維繫各族群和諧相處最重要的語言，加上英語是國際間的通用語，英語成為官方語的主導語言，李光耀指出英語是經濟發展的關鍵，母語則是維持種族認同與傳統文化的傳承（引自Dixon, 2003）。然而直到1979年《吳慶瑞報告書》對當前教育體系提出改革方案，方奠定以英語為主，母語為輔的雙語教育制度。新加坡針對三大族群設立各自語源學校，英語是主要教學語言，母語為第二語言，不僅提升學生英語能力，又能維持母族文化的發展。此外，立基於因材施教的教育理念，提出分流制度，不同程度的學

生皆能適得其所。

　　1990年代，中國勢力崛起，十三億人口龐大的經濟發展，將帶動更多的發展機會，華語是未來具發展性的語言，然而英語是行政語言，具備完善的英語環境，如公務系統、報紙、電視等皆以英語爲主，英語程度佳能找到好工作即能擠進菁英分子的品質保證，英語至上的社會風氣導致「脫華入英」現象日益嚴重。近年來，新加坡家庭語言的產生巨變，家長們態度轉變，以致家庭用語使用轉以英語爲主，造成人民華語程度的低落（吳英成，2010）。李光耀（2015）認爲雙語者常使用英語，其具備流暢的英語能力，自然地使用華語時間較少，華語程度相對程度就弱，沒有人能夠同時兼顧兩種語言的能力表現。是以，自1980年代至今，政府不斷地研究與改良華語教學，1992年《王鼎昌報告書》改變過去華語教學著重於學生的書寫能力，更強調華語文的讀、聽、寫實用技能；1999年《李顯龍華文教學新政策》主張透過因材施教的方式，開設不同層級的華語課程，鼓勵所有學生努力學習華語；2004年《黃慶新報告書》爲了激發學生學習華語的興趣，改善當時教學法與評量方式；2011年《何品報告書》，教育總司長何品以「樂學善用」爲教育願景，改變評量方式，期能眞正了解學生華語的日常生活應用能力。張學謙（2016）指出，家庭用語對於維持母語能力扮演重要角色，家長的態度具關鍵影響力。家庭用語多使用華語，從小建立孩子對華語發音與語文結構的熟悉，有助於培育英文爲主、華語爲輔的雙語使用者（李光耀，2015）。

　　新加坡雙語教育歷經近50年跌跌撞撞的改革與發展，時至今日在國際上耀眼的表現，成爲我國推動雙語國家政策參考的借鏡。臺北市柯文哲市長於2016年參訪新加坡，提到當時新加坡教育部長指出，新加坡能成爲國際型國家，最大關鍵在於雙語教育的實施（柯文哲，2019）。以下針對幾項雙語教育成功的因素做說明。

（一）分流制度

新加坡國民教育採六四學制：六年小學教育、四年中學教育，及早實施分流教育是國民教育特色之一，小學與中學實施分流制度始於1979年《吳慶瑞報告書》，基於因材施教的理念，發展不同程度課程提供給不同能力的學生學習。

1. 小學教育

小一至小四階段為奠基階段，強調基本識字與運算能力，小五至小六為定向階段則為分流的開始，在1980年代以學生學習語文能力為小學分流的標準，然當時有不少反對聲浪，認為語文學習不足以能公平審視學生學習表現（許慧伶，2002）。因而，1990年代進而改進分流制度，將雙語課程分為EM1、EM2、EM3三種語言程度（E為英文，M表母語），小四升小五時，學校按學生的英語、母語、數學的成績表現，修讀適合程度的課程。表7-1為EM1、EM2、EM3三種雙語課程學習內容（許慧伶，2002；Dixon, 2003；李光耀，2015）。

表7-1

新加坡小學三種分流雙語課程學習內容

課程分流	學生程度	學習內容
EM1	成績優異，約占前10-20%	英語與母語均列為第一語言，學習英語與高級母語
EM2	普通能力，學生人數約占70-75%	所有科目以英語學習，母語被視為第二語言
EM3	學習能力較弱，約占後15-20%	學習英語基本讀寫能力，強調母語的聽說技能

資料來源：研究者自行整理。

2. 中學教育

小學畢業生在升中學時，接受小學離校考試（Primary School Leaving Examination, PSLE），根據此次的成績進行第二次分流，依

程度進入特選課程、快捷課程、或普通課程。大部分學生皆會進入特選與快捷課程，特選與快捷課程差別在於英語與母語習得內容的難易程度，其餘學生則修習普通課程，普通課程的學生為修讀EM3課程學生。

由上述小學與中學雙語課程可知，新加坡雙語教育提倡因材施教，讓不同能力的學生接受不同程度的雙語學習，藉此獲得合適又紮實的雙語培育。

（二）師資培育

新加坡南洋理工大學的國立教育學院（National Institute of Education, Nanyang Technological University）是目前新加坡唯一的師資培育機構，成立於1950年，提供職前教育培訓與研究所課程，並為在職教師、主任與校長開設在職訓練課程。此外，在職雙語教師除了參加教育部舉辦的培訓課程外，也須參加學校的教學研討會、共備教學交流會議等。政府提供雙語教師多方面的師資培育機構，如教育學院主責雙語師資培育、課程發展署的短期培育協助教師熟悉新的雙語教材資源與運用。

師資是雙語教育成功的關鍵，新加坡政府建立完整的師資培育系統；簡言之，要成為一名合格的雙語教師，需要取得教育專業證書，這正是目前臺灣在推動雙語政策最需建立的配套措施。

綜上所述，新加坡本來就有良好的雙語環境，加上政府在雙語教育制度上不斷改革發展，課程發展、教材教法、雙語師資等皆有法源規範，確實支持教師的教學現場，學生亦能獲得充足的雙語學習資源與環境，成為現今出色的雙語國家。

三、印度

印度與新加坡歷史背景相似，1757年印英普拉亞大戰（Battle of

Plassey），印度戰敗，至1950年期間淪爲英國殖民地，是個族群、語言、宗教、文化多元的民主國家，多語言現象（multilingualism）是其著名的特色。印度語言分爲印歐、漢藏、南亞和達羅毗荼四大語系，其中，廣播與成人讀寫課程使用104種語言，平面媒體使用87種語言，依據1961年普查可知，印度擁有多達1,652種母語，及大量的方言，這些語言經過篩選分類後，約可分爲300至400種語言（Mohanty, 2006）。自印度獨立後，政府經過三次修訂，確立第八附則語言（Scheduled VIII Languages）共22種語言爲國家語言，第八附則語言加上英語共有23種語言。成爲附則語言之標準，除了使用人口眾多、分布區域廣泛的語言外，且具有文字傳統，以及政治因素（張學謙，2006）。其中，印地語（Hindi）爲國家官方語言，英語爲第二官方語言，依據1991年普查可知，附則語言使用人口數與比率，使用印地語人口數多達三億三千萬，僅占全國38.93%，英語更只有近十八萬人口，僅占全國總人數0.02%（Mohanty, 2006），但以全球使用英語人口數仍然可觀。

　　Sridhar（1982）曾針對印度大學生與公私立公司員工進行問卷調查，發現有趣的語言使用型態，大學生與員工在私人與情感領域以母語爲主，大學生在正式學習場合採用英語，員工在工作時以英語爲主，在面對不同文化背景的顧客時，採以英語溝通。由此可知，英語仍扮演各族群間溝通之中立角色，加上英語是國際性語言，是權力及知識之象徵，英語的重要性不言可喻。政府在強調英語學習的同時，亦重視多元族群語言的保存與傳承，因此其語言教育制度極具特色。

　　印度是多語言的民主國家，尊重並接納多元文化之差異性，因此語言教育正是維持與延續各族群語言文化的關鍵。事實上，人民基本上都會三語以上，在印度並無單純的雙語教育，而是多語教育（董玉莉，2018）。

　　在印度獨立之初，政府爲確保少數民族語言的權益，正式提出《三語言方案》（Three Language Formula）。一開始的操作模式，要求學生在校學習地方性語言（the regional language）、官方語言（如印地

語）及英語，然而，當時出現批評聲浪，認為弱勢族群並不一定都能真正學習到自己的母語，各邦內有不同種族，自然也有不同的語言，地方性語言不見得是學生的母語，是以，有可能強迫學生學習其他族群語言。因此政府經過不斷修正後的三語言方案模式：(1)一到五年級學生在校第一語言以母語或地方性語言為主；(2)六年級開始加入第二語言英語；(3)在國中初期，開始學習第三語言，在非印地區域學校學習印地語，在印地區域學習其他現代印度語言。從表7-2可發現，國小階段鞏固母語能力，國中階段以上實施三語教育，在高中階段分成兩組語言學習（Sridhar，1996）。修正後的三語言方案採循序漸進式學習，不僅能維持母語，還能學習其他語言，增強在國際間之競爭力。然而，這項政策也面臨到城鄉差距的問題，偏鄉教師無法以更少數族群語言當教

表7-2

印度經修正及分級的三語言方案

教育階段	語言學習科目
小學低年級 （一至五年級）	母語（地方性語言）
小學高年級	(1)母語（地方性語言） (2)英語
國中	(1)母語（地方性語言） (2)非印地區域學習興地語；印地區域學習現代印度語言 (3)英語
高中	分為A、B兩組
	(A)　(1)母語（地方性語言） 　　　(2)非印地區域學習興地語；印地區域學習現代印度語言 　　　(3)英語 (B)　(1)現代印度語言 　　　(2)現代外國語言 　　　(3)傳統語言（印度語或外國語）
大學	無必修語言課程

資料來源：Adopted from Language in education: minorities and multilingualism in India, by
　　　　K. Sridhar, 1996, *International Review of Education*, *42*(4), p.335.

學語言，這也是印度在傳承母語所遭受到的困境之一。

綜上所述，印度人民因多元群族語言文化，具備卓越多語能力，也建立出極具特色的三語言方案，期望能傳承延續各母語文化。然母語高達上千種，無法培育出各語言的專業師資，因此部分少數族群語言式微。

美國、新加坡與印度雙語教育發展截然不同，但仍可引以為我國在推動雙語教育之學習典範，茲將此三個國家之雙語教育發展整理成表7-3。

表7-3
美國、新加坡、印度雙語教育發展

國家 項目	美國	新加坡	印度
發展 背景	1. 是多元族群與大量移民的國家，雙語教育協助弱勢族群融入主流社會，維持其母語發展。 2. 雙語為英語及各族群之母語。	1. 具有英國殖民背景，是多元文化語言國家。 2. 四大官方語言：英語、華語（中文）、馬來語及坦米爾語；英語為連繫各族群之橋梁，為主導語言。 3. 雙語主要為英語及母語，不僅提升英語能力，且傳承母語。	1. 具有英國殖民背景，境內多元族群與語言，是個典型的多語國家。 2. 主要官方語言為第八附則語言，加上英語共23種語言。 3. 多語教育目的在延續母語文化，提升英語能力，因應國際競爭力。
師資 培育	1968年《雙語教育法》訂立雙語師資職前與在職培育制度。	1. 有完善的雙語師資培育系統，合格的雙語教師需取得教育專業證書。 2. 政府建立多方面雙語師資培育機構。	中小學教師需取得教師資格證書。
法源 規範	《雙語教育法》正式將雙語教育制度化與法制化，針對雙語教材、師資、成人教育等予以規範。	《吳慶瑞報告書》確立雙語教育制度，並以因材施教為理念，提出分流制度，不同程度學生皆能適得其所。	經修正後的《三語言方案》目的確保少數民族語言的權益，既能維持母語，又能學習其他語言，提升國家競爭力，但此政策較難照顧到偏遠區域。

資料來源：研究者自行整理。

　　根據表7-3中各國雙語教育發展分析與彙整，可分就雙語教育的發展背景、師資培育及法源規範等三面向，與臺灣進行比較：

（一）發展背景

　　由上文及表7-3不難發現美國為內圈國家，新加坡與印度為外圈國家，本身也有良好的雙語環境，而臺灣則為擴展圈之國家，為因應全球化之浪潮，視英語為躍上國際競爭之利器。此外，臺灣雖為多元族群國家，但社會主流語言仍以國語為主，並在2018年發布2030雙語國家政策發展藍圖，以中英為雙語教育發展基礎。

（二）師資培育

　　美國、新加坡及印度在課程規劃、師資培育方面都有配套措施，而臺灣則是雙語教育政策先於雙語師資培育，目前有幾所大學師資培育中心針對現職教師開設增能學分班。雙語教師職前課程部分亦僅要求修習以全英文授課之任教專長科目／領域教材教法，及少數以全英文上課之專長科目，如此是否能培養出具專業知能之雙語專長教師，恐有疑慮。對於雙語課程，在臺灣則全由學校教師自行發展，教學模式亦需由教師自行摸索。

（三）法源規範

　　美國、新加坡及印度均有相關法源依據，加上長期的雙語教育制度發展，亦是雙語教育推動成功的關鍵。臺灣在教育制度上雖有《教育基本法》、《國民教育法》等規範，但2030雙語國家政策亦尚未發展成熟，雙語教育仍在起步階段，且各方面尚未有完整的衡量機制，各項法源規範及相關配套法規有待建立。

參、研究設計與實施

一、研究方法

　　本研究主要以訪談法了解雙語專長教師實施雙語教育的現況與困境，研究者透過半結構性訪談，探討雙語專長教師對雙語教育的看法、採行的教學模式、接受哪些教師專業培訓，及其實施雙語教育的困境。此外，並藉由三角檢核法（triangulation）強化訪談內容之研究效度，尋求至少三種以上的實務文件資料，如：學校網頁內容、會議紀錄、教師所設計之學習單、課程計畫等，並將其對應訪談內容，以佐證本研究之真確性。

二、研究對象

　　新北市國民中學109學年度教師聯合甄選之合格雙語專長教師共計6位，其中1位教師因個人因素辦理留職停薪，尚未投入雙語教育而拒絕受訪，其餘5位均接受訪談。5位受訪者中，有3位是具英文教師證，再分別加注表演藝術（2位）及資訊科技專長，另2位則分別具資訊科技教師證及視覺藝術教師證，並取得英語檢定B2級以上之資格。5位雙語專長教師中，2位需任導師、1位擔任組長、1位擔任行政處室協助行政教師，僅有1位是專任教師未兼導師或行政工作。受訪教師基本資料，如表7-4。

表7-4

受訪者基本資料

代號	性別	雙語教學資格	任教科目	擔任職位
BT1	女	英語教師證 表演藝術教師證	表演藝術	導師
BT2	男	資訊科技教師證 英語檢定達B2級	資訊科技	資訊組長
BT3	女	視覺藝術教師證 英語檢定達B2級	視覺藝術	導師
BT4	女	英語教師證 表演藝術教師證	表演藝術	學務處協助行政
BT5	女	英語教師證 資訊科技教師證	資訊科技	專任教師

三、資料處理與編碼

　　本研究以訪談資料爲主，訪談之後，根據訪談錄音檔案，謄寫逐字稿，研究者經多次閱讀逐字稿後，將逐字稿裡重點訊息加以註解並予以編碼。編碼方式以雙語專長教師簡稱BT（Bilingual Teacher）方式呈現，以「阿拉伯數字」表示不同受訪者，如BT1、BT2等：「二位阿拉伯數字」表示流水號。例如：BT1-02代表是編號1教師的第二段訪談記錄。

肆、雙語專長教師推動雙語教育之現況

　　依據五位雙語專長教師的訪談結果，研究者茲將新北市國中雙語教育推動之現況，就教師專業、教學模式、教學環境及行政支持四個面向，分別進行歸納與分析。

一、教師專業

（一）雙語專長教師積極追求專業成長

　　本研究發現雙語專長教師以多元方式追求專業成長，如：自發參加雙語相關研習、大專院校舉辦的工作坊、參與其他教師的公開觀課、閱讀雙語教學相關報導等線上資源，以提升自我的專業知識、英文能力及雙語教學能力。

　　如受訪者BT3提到：「我平常上線上的英文課，每天25分鐘，我也會看很多英文相關影集，在做專業教學的方面，其實會參加蠻多的一些工作坊，……。」（BT3-07）；受訪者BT4亦提及其參與研習的情況：「我會參加很多雙語相關的研習，我在我們學校是唯一雙語老師，沒有人可以幫助我，所以我就廣泛參加跟表演藝術相關的雙語研習，……。」（BT4-06）。

（二）雙語專長教師未參與實體雙語共備社群

　　雙語專長教師大多無奈表示沒有機會參與實體雙語共備社群（受訪者BT2、BT3、BT4、BT5皆提及），主要是學校工作繁重，影響教師參與的意願，如受訪者BT3所言：「應該是說，學校行政端並沒有特別去做共備的組織，另外一個原因是因為我們學校是小學校，所以我們大家國中部的每一位老師，其實都有兼任行政或是導師，在這樣的狀況下，大家的loading都非常的重，其實沒有太多額外的心力去做雙語還是什麼的，尤其是我們學校還蠻喜歡接計畫，所以其實有你要教的科目了，然後你又要接導師，同時你還是要幫忙接計畫。」（BT3-06）。

　　此外，相關共備訊息較少，或學校本身未積極成立此類社群，也使受訪者難有雙語教師合作夥伴，如受訪者BT3所言：「……其實我們學校沒有其他老師願意做這件事，然後我就是好像也沒有收到政府其他相關的計畫，所以也沒有參加這些共備的社群。」（BT3-05）。但有一

位教師（BT1）表示有加入網路社群的雙語社團，藉以獲得許多老師的經驗與分享。

二、教學模式

（一）中英文比例依實際狀況有所不同，中文仍是最重要的溝通工具

雙語專長教師視學生英文程度，調整課堂中英文雙語使用狀況，大多分為專業知識與課室用語兩部分，專業知識以中文講述為主，實作部分及課室用語以英文為主，輔以肢體語言或圖片說明，若學生仍有不明白之處，則以中文加以說明。如受訪者BT3表示：「……比較困難的專業知識部分，我用中文講，美術課講到作品的部分，一開始讓學生觀察作品上有什麼的話，我會以英文簡單問他們，等學生回應之後，我再用中文去做比較仔細的解釋，……，課室相關用語會使用英文，他們在討論的時候，我也會盡量使用英文，在實作上，多數我會講英文，除非是真的對他們來講，比較困難的概念，我才會用中文。」（BT3-14）。

也有少數教師（BT3、BT4）於期初期末，透過問卷了解學生對課程的接受度，以調整後續的教學設計。雙語專長教師認為雙語皆是學習溝通的工具，不分語言階級，然而中文是學生最熟悉的語言，因此中文仍是雙語課程最重要的溝通工具。

（二）英文表現不列入學習成績評量

雙語專長教師認為雙語課程應以學科知識為主，英文應為學習溝通之媒介，英文學習評量是英文老師的責任，因此不會特別將英文表現列為成績評量。

部分教師則透過教學過程及作業形式，鼓勵學生勇於嘗試練習英文，也有少數教師認為英文表現被視為加分機會，如：「如果是問答題，基本上問題呈現以英文為主，我會鼓勵學生，可以用中文回答，

但如果用英文回答更棒……」（BT5-17）。但亦有受訪者（BT1）表示，服務學校受限於許多因素，因此尚未推行雙語教育，故無法順利進行雙語課程，自然也無法進行相關的教學評量。

三、教學環境

（一）雙語專長教師採鼓勵正向之態度，打造溫暖的雙語學習環境

在課程之初，大部分雙語專長教師讓學生了解，雙語課程裡語言只是學習工具之一，即便英文程度較弱，不表示無法學習，並且會以鼓勵與獎勵的方式，降低學生對英文的焦慮與壓力，提高學生對雙語課程的接受度及英文使用意願。如BT3提到：「我會跟他們強調說，我是你們的美術老師，不是英文老師，所以你們就是盡量去嘗試，願意去講、願意嘗試去理解我在講什麼，我覺得這樣就很棒，課堂上會比較多的鼓勵。」（BT3-24）；BT4則謂：「……若是學生因英文限制無法達成課堂任務，不會有任何懲罰，我會鼓勵學生多用英文，聽不懂可以用身體語言，這也是表藝科的優勢。」（BT4-26）。

（二）校園雙語學習氛圍薄弱

本研究發現，大部分學校師長未身體力行使用雙語展現身教，校園的雙語學習氛圍也較薄弱，只有一位教師（BT5）表示：「學校有一個雙語週，雙語週在三月份，二月中就開學了，學校跟學生說，在三月份有雙語週，那一週所有處室的廣播，包括校長在朝會的時候，各處事主任，只要上台報告，都要用雙語，每個老師會先說英文，再說中文，……」（BT5-23）。

四、行政支持

（一）各校行政主管對雙語教育的積極度與了解度有所差異

　　學校行政主管—校長、教務主任等的態度也會影響雙語教育推動的方式與方向。許多受訪者表示，實際上，校長或教務主任不了解雙語教育之內涵及其執行方式，即使受訪者以雙語缺額進入學校場域，因學校不夠了解雙語專長教育與一般科目教師、甚至是與英文教師之差別，因此與受訪者擔任雙語專長教師一職認知有所差異。例如：受訪者BT4提到：「可能我們學校是大校，感覺不到教務主任對雙語教學的態度、或對我特別的要求，只會在外師入班時，要求優先入我的班，但學校不會特別要求上課一定要用雙語，……。」（BT4-29）。

　　甚至有些行政主管對於雙語教育的消極態度，只是藉由雙語教育來招生，並未真正協助老師執行雙語教學，如BT2表示：「目前的狀況，就是希望幫助學校增加學生人數，學校並未將重心放在雙語教育的推動，……。」（BT2-23）。

　　但亦有一位受訪者（BT5）表示，該校教務主任與其一同參加相關研習，深入了解雙語教育的意涵，並尋求專業教授的建議，令其感到佩服。

（二）學校行政對雙語專長教師提供協助的情形有所差異

　　由訪談內容得知，只有少數教師曾接受過學校行政提供的雙語相關資源協助，大部分教師很少或甚至從未獲得相關的行政協助，雙語專長教師是否接受過雙語相關資源協助，與學校行政主管對雙語教育之態度有很大的關係。BT5很感動地表示，當遭遇困難時，行政端總能給予物質上的協助以及精神上的支持。「學校端給我的訊息，就是你需要什麼協助，他們都會盡力協助，……。」（BT5-32）然而，受訪者BT2對於學校有沒有提供雙語相關資源協助時，則很肯定地回答：「沒

有。」（BT2-25）。

伍、雙語專長教師推動雙語教育所遭遇之困境

經整理訪談資料，茲就新北市雙語專長國中教師推動雙語教育所遭遇的困難，依教師專業、教學模式、教學環境及行政支持四面向加以說明。

一、教師專業

（一）研習資訊少且內容缺乏雙語實際教學經驗

部分受訪者（BT1、BT4）表示，很少收到雙語相關研習資訊的訊息，甚至會錯過教育局相關的研習資訊，因此受訪者希望雙語師資專業成長訊息有更系統化的接收管道。此外，部分受訪者（BT2、BT4）則指出雙語相關研習機會少，需要主動尋找民間從事雙語教學教師所舉辦的研習，或是其參加的研習與雙語較無直接關係。

除了雙語專長教師反應雙語相關研習資訊不多，因此欲藉由教師研習來提升雙語教學的能力較為困難外，雙語專長教師缺乏專業的雙語師資職前培訓以及雙語教學的實務經驗，因此大部分雙語專長教師期待有更多以雙語實務教學為主的研習內容。如受訪者BT5表示：「……我覺得目前現階段的老師，大多缺的都是實務經驗分享跟實作。」（BT5-10）但亦有教師（BT1、BT4）表示，因其本身為英語專長加注表演藝術專長，而雙語教學主要以本科專業知識為主，英文只是教學語言，故其希望能藉由與同領域老師在教學上的分享，增進本科教學能力。

（二）學校工作繁忙及備課時間長，影響教師追求專業成長

雙語專長教師表示目前未有系統性的雙語教材，因此需花更多時

間進行雙語教材備課，誠如受訪者BT5所言：「遭遇到的困境就是比較沒有時間，因爲教材取得不容易，所有的教材都是中文，我要進行雙語教學，必須試著做一些轉換，……，眞的都很花時間在備課上。」（BT5-06）。

此外，忙於行政業務或導師班級事務，繁重的學校工作，也影響教師追求專業成長的品質與意願。受訪者BT2就表示：「主要是時間上的問題，除了本身業務外，我不是專門的雙語老師，我還是資訊組長，所以雙語成了附加條件，不是主要的……」（BT2-04）。

二、教學模式

（一）學生對於雙語課程接受度低

許多學生仍有雙語課程爲英文課的誤解，加上學生英文程度呈現雙峰現象，因此對雙語教學時有抗拒或反彈的狀況產生，即便教師解釋雙語課與英文課的差異，並以正向態度鼓勵學生多以英文學習，學生仍因缺乏對雙語課程之認識而產生抗拒，且學生認爲師、生均爲本國人，上課爲何要講英文？。

受訪者BT2即表示：「我想推雙語，但發現阻力滿大的，學生覺得這是資訊課，怎麼會有英文，相對也比較排斥。」（BT2-15）。

（二）學生學習反應不佳

學生的英文程度成M型雙語現象，程度低落的學生常有無法理解老師上課內容的狀況；即便程度不錯的學生，沒有足夠對英文的自信，即便老師不斷鼓勵與獎勵，學生往往不夠積極把握英文練習的機會；此外，甚至在作業表現上，學生依靠社群翻譯軟體習寫作業，學生不僅無法眞正練習英文，同時老師難以批改生硬的翻譯句子。學生對於雙語課程學習表現不佳，往往是教師在推動雙語課程中，極大的阻力。

受訪者BT5即無奈的表示：「比較多應該是，學生聽不懂英文，這部分可能是大多數的雙語老師會遇到的，畢竟現在的雙峰很嚴重。」（BT3-21）。

三、教學環境

（一）雙語環境的營造，缺乏學校支持

雙語學習環境的建置有賴學校的支持與老師的投入，以營造出讓學生感到安全感、減低學習焦慮的雙語學習環境。當教師在雙語課室裡努力營造雙語學習環境，校園能延續課室裡的雙語學習氛圍，在雙語教育的推動上更能事半功倍。然而不少學校支持有限，校園沒有足夠的雙語學習氛圍，雙語專長教師也難在課室內發揮更好的教學效果。甚至有受訪者無奈表示，未能實施雙語課程，只能淪為一般課室教學。

誠如受訪者BT2所言：「行政和學校都還沒到位，在帶雙語課程是很吃力的，只有我一個人在帶，不會有其他人和我做任何溝通，就是要看這間學校是否有完善的系統來做雙語教育。」（BT2-20）學校對於雙語環境的營造，似乎還未到位，此外，研究者觀察受訪者所服務的學校網站發現，校網建置缺少雙語標誌指示，不僅如此，各校行事曆上亦未有雙語相關活動，由此可知，在校園整體學習氣氛下，難以看出有明顯的雙語活動融入。

（二）行政端及校內教師未起示範作用

行政端及校內教師沒有以身示範應用雙語和學生溝通或宣布事項，學生無法真正了解雙語目的，未能藉由全體教師營造一個雙語環境，讓學生能沈浸於其中，自然地使用雙語。如同受訪者BT4的觀察：「……學務處老師沒有和學生用英文對話，我認為因為雙語教育推行不夠久，加上我是學校第一位雙語老師，基本上，學校並沒有特別在意一定

要用英文跟學生溝通。」（BT4-27）。

四、行政支持

（一）學校行政未協助各領域成立雙語共備社群且缺乏積極性

雙語教育的實施不應只是雙語專長教師的責任，許多學校行政缺乏積極性，未利用校務會議或領域社群會議，向全校教師進行雙語教育推動之說明，且未積極擔任各領域教師間的溝通橋梁，以及提供相關雙語教學資源，加上校內老師們身負許多工作，協助雙語教育推動的意願不高，雙語專長教師難找到雙語課程共備夥伴，因此大部分雙語專長教師在學校往往是孤軍奮戰。受訪者BT5即表示：「學校透過校務會議告知老師，新學期有兩個科目是列為雙語教學，可是就這樣帶過了，其實大家是沒什麼感覺，自然不會認為是自己的事情。」（BT5-36）。

（二）受限授課時數，雙語專長教師難以在全校發揮其影響性

雙語專長教師受限於基本授課鐘點，其授課班級本就無法涵蓋全校班級，甚或某個年級，再加上雙語專長教師常需兼任導師或行政職務，若雙語專長教師兼任職務，則其所減授之鐘點便會配給其他非雙語專長教師，如此影響雙語專長教師在各班實施雙語教育，這也是學校行政難以解決的問題。

受訪者BT2即表示：「我希望從七年級帶起，但也不容易，因為資訊老師人數不多，每個老師的課堂數有限，加上我兼行政組長，課堂六節課，最多再兼五堂課，頂多將七年級的課吃下來，難道雙語教育只能在一個年段推行嗎？八、九年級就不用推嗎？如果學校師資相關資源未到位，基本上，雙語課程無法持續，強度也不夠，若能持續雙語教學，課程也比較完善。」（BT2-28）。

陸、推動雙語教育政策的配套措施

經由各國雙語教育發展的探討以及實證研究的結果，可知法源依據、師資培育、課程規劃、校園氛圍、主管支持、教師進修、學生程度、同儕共備等方面，對於雙語教育是否能成功推行，均扮演著關鍵的角色。以下茲以上述影響雙語教育推動之重要因素爲基礎，分就教育主管機關、師資培育機構及學校行政單位提出建議，以期建構推動雙語教育政策的配套措施。

一、對教育主管機關之建議

（一）建立完善的雙語師資培育制度

由美國、新加坡及印度雙語教育的發展觀之，師資之培訓爲推動雙語教育的關鍵因素之一，再由本研究結果發現，雙語專長教師困境在於未接受正式的職前師資培訓，在進入教育現場前，缺乏雙語教學的實際經驗。因此，建立完善的雙語師資培育制度是必要的，雙語師資的培育應如同一般師資培育系統，需透過師培課程研修、實習至教師證照考取，因此應針對師資培育法進行修訂，或是新增雙語師資法規，明訂雙語師資課程修行年限與內容等，提供雙語專長教師健全的培育管道，具有專業雙語師資，才能眞正跟上雙語教育的腳步。

（二）成立雙語教學輔導團，提供多元雙語進修管道

本研究發現現職教師學校工作負荷大，往往影響現職教師進修時間或意願，因此，應推動數位雙語研習課程，讓教師打破時空限制，隨時隨地都可以進修，提供現職教師多元雙語進修的管道。此外，應成立雙語教學輔導團，研發雙語教學技巧與教材，定期巡迴各校，進行雙語教學觀摩等交流活動，全面性規劃教師在職進修管道，協助教師快速掌握

進修資訊。

（三）明確雙語專長教師的工作職責

　　雙語專長教師無疑是校內的新進教師，由訪談得知，其大多需兼任行政或導師，龐大的工作量，往往無法專心於雙語教育的實施，甚至心有餘而力不足，因此應明確雙語專長教師的工作職責，明定雙語專長教師須協助雙語教育實施的行政業務工作內容與教學內容，如專任輔導教師及閱讀推動教師般明定工作職責項目，以此供學校單位確實遵循，方能提供雙語專長教師適切的協助與資源。

（四）訂立不同場域雙語環境營造之準則

　　由本研究之訪談得知，雙語專長教師遭遇困境在於，學生離開雙語課室與學校後，缺乏中英雙語的環境氛圍，雙語教育總是無法延續，當學生回到雙語課室裡，教師必須再次拉回學生對雙語的感覺，雙語教育的實施不只是學校營造雙語學習環境，應提倡在社會上不同場域建置雙語標誌，如公共場所、路牌標誌、電視廣告等嵌入雙語形式，提高國人對中英語溝通的重視，以成功帶入家庭營造中英雙語環境，讓學生在教室外，體會更多的雙語氛圍，了解雙語溝通的重要。

（五）建立雙語教育相關配套措施

　　由文獻探討得知，美國、新加坡及印度均有相關法源依據，在課程規劃、師資培育方面均有配套措施。臺灣若欲成功發展雙語教育，應借鏡他國，除了建立雙語專業師資培育管道，應發展雙語教育相關配套措施。首先，配合十二年國民教育，形成雙語教育領域綱要，闡明各學習階段之學習素養與課程架構；再者，訂定雙語專長教師評鑑辦法，教師專業背景多元，為確保教師雙語教學的品質，實施教師評鑑有其必要

性，因此，可考慮明列在教師甄試簡章中、或修訂相關教師評鑑辦法等；此外，應設立雙語課程教材設計單位，研發系統性的雙語教材，並進行雙語教科書審定。憑藉多元配套措施的推展，給予雙語專長教師更多支持，也必能帶動更全面的雙語教育制度。

二、對師資培育機構之建議

（一）發展結構性的雙語教育師資課程

本研究發現，雙語專長教師缺乏雙語專業教材教法的培訓，應訂立雙語教學師資培訓課程之法規，明列修習雙語師資課程的細則，如學分數、課程類別、修習課程之條件等，發展出適合職前雙語教育師資課程，不僅如此，成立在職雙語教育師資進修課程，提供在職教師有更多自我專業精進的機會。發展出結構性的師資培訓課程，才能真正培養雙語專業師資。

（二）建立完善的雙語專長教師教育實習配套措施

本研究發現，雙語專長教師缺少職前的實務經驗，因此建立完善的教育實習配套措施有其必要性。首先，雙語專長教師實習是在雙語學校或一般學校實習，國中雙語實習學校的選定，需要慎思考量。其次，依據《師資培育之大學及教育實習機構辦理教育實習辦法》第12條，實習輔導教師應符合三年以上教學年資編制內之教師，以現階段而言，教學現場尚未有符合此條件的雙語教學教師，因此需針對雙語教育實習輔導建立制度。再者，應發展如一般科目教師實習評量準則，將雙語教育以項目區分，課程教學、班級經營及專業精進等指標，協助雙語專長教師在實習階段，增加更多實務經驗。

三、對學校行政單位之建議

（一）擔任各領域教師在雙語教育推動合作之橋梁

　　本研究發現雙語專長教師常孤軍奮戰。然而，在雙語教育推動過程中，需依賴各領域教師的合作交流，因此，非常需要學校行政擔任溝通協調的角色，如藉由校務會議或領域社群會議宣導雙語教育推動的細則、邀請對雙語教學有興趣的教師組成課程共備會議等，讓雙語專長教師在推動的過程中，不再是孤軍奮戰、單打獨鬥。

（二）進行雙語校本課程規劃

　　現階段未有系統性的部編雙語教材，實可從學校校本課程規劃著手，由學校課程發展委員會依據十二年國民教育三面九項核心素養之內涵，邀請學者專家、雙語專長教師及校內教師，結合學校特色規劃雙語校本課程，設計出一套自編雙語教材並進行審定，讓教師在教學過程中有系統性地的教材依循使用，以減輕教師在備課時的壓力，同時讓其他教師了解雙語校本課程之實施規劃；此外，討論雙語專長教師減課有其必要性，讓雙語教育實施更順利。

（三）成立雙語教學領域社群

　　目前雖未明定雙語專長教師的工作職責，然學校可成立雙語教學領域社群，邀請各行政單位代表、各社群領域召集人與雙語專長教師共同參與，一同設立校內雙語教育短中長程教學目標，定期召開社群會議，以了解雙語專長教師在實施雙語教育時所需的協助，讓各行政單位與各領域教師有目標性地致力於雙語教育之實施，並且進行雙語教育相關資訊之交流。

(四)積極營造雙語環境

　　由本研究可知，受訪教師學校推動雙語教育，大都依賴雙語專長教師單打獨鬥，然而境教布置與身教對雙語教育的推動占有重要地位，尤其是校長帶領行政單位的身教示範，無疑是最佳的雙語氛圍營造，更有助於雙語專長教師在課室中雙語教學之進行，學生在濃厚的雙語情境中體會使用雙語的目的。

參考文獻

王穎、張雁（2010）。美國雙語教育之爭下的教學模式嬗變及啟示。**外國中小學教育，210**，41-44。

何倩、劉寶存（2014）。美國少數民族雙語教育政策及其特點。**比較教育研究，9**，4-11。

吳英成（2010）。新加坡雙語政策的沿革與新機遇。**臺灣語文研究，5**(2)，63-79。

李光耀（2015）。**李光耀回憶錄：我一生的挑戰新加坡雙語之路**。臺北市：時報。

林子斌（2020）。臺灣雙語教育的未來：本土模式之建構。**臺灣教育評論月刊，9**(10)，8-13。

柯文哲（2019）。**雙語教育領先全臺**。取自https://kpwords.pixnet.net/blog/post/306809147

高櫻芳（2011）。**為何進入雙語班－雙語班家長教育期望之探討**（未出版之碩士論文）。國立臺南大學，臺南市。

國家發展委員會（2018）。**2030雙語國家政策發展藍圖**。行政院國家發展委員會107年12月10日院授發綜字第1070802190號函。

張學謙（2006）。印度的官方語言地位規劃－第八附則與語言承認。**臺灣國際研究季刊，2**(4)，131-168。

張學謙（2016）。走向添加式雙語主義：強化家庭與學校的母語教育。**臺灣教育評論月刊，5**(9)，1-9。

教育部（2018）。全面啟動教育體系的雙語活化、培養臺灣走向世界的雙語人才。取自https://depart.moe.edu.tw/ED2100/News_Content.aspx?n=1BC1E5C3DD8E7C26&sms=5EDCB810B9A5DA84&s=B7D34EA3ED606429

許慧伶（2002）。東亞地區英語教育與教學現況之比較研究－新加坡篇。**國科會期末報告**。取自https://lc.nuu.edu.tw/p/404-1083-18545.php

陳幼君（2007）。**臺北市公立國民小學雙語教育班實施現況之研究**（未出版之碩士論文）。國立臺北教育大學，臺北市。

楊智穎（2015）。體檢與前瞻十二年國教中多元文化教育的課程發展與實施。**臺灣教育評論月刊，4**(10)，45-49。

董玉莉（2018，11月29日）。一路向南》印度人為什麼會講很多種語言？。自由時報。取自https://talk.ltn.com.tw/article/breakingnews/2627805

劉慶仁（2005）。美國新世紀教育改革。臺北市：心理。

Dixon, L. Q. (2003). The bilingual education policy in Singapore: Implications for second language acquisition. *Proceeding of the 4th Symposium on Bilingualism.* Chicago, IL: Spencer Foundation.

Kachru, B. B. (1992). *The other tongue: English across cultures* (2nd ed.). Champaign, IL: University of Illinois Press.

Mohanty, A. K. (2006). Multilingualism of the unequal and predicaments of education in India: Mother tongue or other tongue? *Imagining Multilingual schools* (pp.262-283). New York, NY: Multilingual Matters Ltd..

Sridhar, K. K. (1982). English in a south Indian urban context. In *The Other Tongue: English across Cultures*(pp.141-153). Champaign, IL: University of Illinois Press.

Sridhar, K. K. (1996). Language in education: Minorities and multilingualism in India. *International Review of Education, 42*(4), 327-347.

第八章

樂在學習推動雙語教育——一位國小校長課程領導之個案研究

賴宥宇
桃園市復興區霞雲國小教師
陳延興
國立臺中教育大學教育學系教授[1]

[1] 通訊作者：cysk999@mail.ntcu.edu.tw

壹、前言

　　因應全球化時代的來臨，英語能力的具備已是成為人才之必要條件，其在人們的日常中形影不離，扮演極為重要的角色。印度與新加坡將英語列為國家的官方語言，除了英語，加拿大因殖民關係，政府也將法語列為官方語言，之後，加拿大政府便開始實施英、法語並重的雙語教育，其中，又以沉浸式教學最為著名，而此雙語課程理念也從加拿大逐漸傳播至世界各地。

　　在臺灣，除了中文以外，第二重要的語言為英語，從2001年8月開始，臺灣將英語學習向下延伸至小學階段，列入國小高年級的課程（張武昌，2014）。行政院也於2002年宣布的「挑戰2008：國家發展重點計畫」中，推行「E世代人才培育計畫」，其中「營造國際化生活環境，提升全民英語能力」包含了五項目標：(1)營造英語生活環境、(2)平衡城鄉英語教育資源、(3)大專院校教學國際化、(4)提高公務員英語能力、(5)推動英語與國際化學習，為達成以上目標，也擬定了相關具體措施，以第一項「營造英語生活環境」為例：交通標誌及商店招牌英語化、生活地圖英語化、鼓勵公務人員考取英語相關證照等，藉由這些具體措施的施行，將期望提升全民英語能力，並增加國際競爭力（行政院，2005）。行政院於2018年所推動的雙語國家計畫，不只將落實以全英語的方式授課於中小學的英語課外，也將推動部分學科以英語授課，同時，英語的學習更是往下延伸至幼兒園階段（國家發展委員會，2018）。因應雙語政策的實施，各縣市政府也開始重視雙語教育，目前臺北市已經有13所「學科內容與語言整合教學」（Content and Language Integrated Learning, CLIL）雙語實驗課程的學校，除了CLIL的雙語教育，沉浸式的雙語教育在全球各地亦十分盛行。

　　我國自2001年就開始推行雙語相關政策，政府也於此投入諸多心力，然而，實際成效卻不如預期。張武昌（2014）指出，國內雙語教育的實行主要有兩項問題：學生間的能力落差與不全的師資素質。政府雖將英語教育向下延伸，卻也加劇了英語雙峰化現象；而英語師資上的

篩選亦不夠謹慎，導致師資素質良莠不齊，面對這些問題，政府機關及學校人員正努力地尋找方式加以改善。依據教育部（2020）公布的《中小學國際教育白皮書2.0》，在國際教育融入課程象限擴增「雙語課程」及「國際課程」兩項，尤其在第一個行動方案中，重視「學校本位國際教育－國定課程／雙語課程精進計畫」，惟對於究竟要如何推動並未多加著墨。是故，透過質性研究深入以一所國小校長推動雙語教育之課程領導，有助於了解當前我國實施雙語政策的問題與因應作法。

　　基於上述研究動機，本研究目的如下：

一、探討個案國小校長進行課程領導之理念與作法。

二、探討個案國小校長推動雙語教育所面臨的困難及因應作法。

貳、文獻探討

一、雙語教育的意涵

　　行政院國家發展委員會（以下簡稱國發會）以「以2030年為目標，打造臺灣成為雙語國家」的願景發展了「2030雙語國家政策發展藍圖」，國發會為了建立整合式的英語學習和英譯資源平台，網羅政府以及各民間之英語學習、英譯資源，供各級政府機關及民眾使用，以提升國民之英語文聽、說、讀、寫的能力（國家發展委員會，2018）。

　　雙語教育係指以兩種語言在課程內容中進行教學，教學者所教授的內容以學科知識（美術、音樂、社會等）為主，語言則為教學媒介，其目的為讓學生在維持自己的母語能力下，同時熟練第二語言，使兩種語言都能達到精熟程度，並且了解與尊重語言背後的文化及意涵（呂美慧，2012；Stern, 1972）。雙語教學中，有許多不同種類的教學法，國內普遍使用的兩種教學法為「CLIL教學法」以及「沉浸式教學法」，而研究對象所推行的雙語教學法為沉浸式教學法，故本研究將聚焦於「沉浸式教學法」加以說明。

　　Genesee（1984）將沉浸式教學定義爲「利用目標語來學習學科內容，進而學習此目標語。」此種教學方式是以內容爲主，語言只是學生學習學科內容的工具，而非教學目標，教師於教學過程中，只會使用些微甚至完全不使用學生的母語進行教學，目的是要讓學生能在自然的情況下，沉浸於目標語的情境中（Fortune & Tedick, 2003）。

　　針對這幾年臺灣的中學與小學推動雙語教學面臨的問題，吳彥慶、黃文定（2020）從中學階段的雙語教學提出以下四點：(1)雙語教育內涵、政策目標與因果理論的論述與宣導不足；(2)在制度面與教師自我增能上，缺乏中學教師雙語授課的誘因與配套措施；(3)在職教師心態的調整是最大的挑戰；(4)校園雙語教育的推動，尚需全校全方位配套支持。

二、課程領導的意涵與策略

　　課程領導係指教育工作者爲了達成學校的課程目標，在課程發展中，發揮自身的信賴以及影響力，針對課程的設計、實行以及評鑑等給予引導與協助，進而提升學生學習品質的歷程。課程領導包含「課程」與「領導」兩個部分，所以會受到不同的課程理論及領導理論影響而改變課程領導的方式（黃嘉雄，2001）。

　　校本課程的發展方向，仰賴於學校層級的課程領導（curriculum leadership），鄭淵全（2008）認爲課程領導爲教育人員對學校課程的相關事務所呈現的領導行爲。課程領導指的是學校內外具有課程發展責任的特定身分人員，如校長、教務主任、課務組長、教學組長、學年主任等（蔡清田，2007），其目的爲「讓學校系統與其學校，可以達到確保學生之學習本質的目標」（單文經、高新建、蔡清田、高博銓，2001）。

　　校長因爲肩負著學校的重責大任，故學校之課程領導者多數由校長所擔任，吳清山（2005）提到校長的態度與理念在學校的課程改革上具有很大的影響力，其往往會比其他人更了解學校的運作、生態與條件

等，且校長之參與有助於課程的決定、增加成員間的互動機會以及提升教師的專業成長。校長在擔任課程領導者時，依照不同階段，也扮演了不同的角色，初期階段，因校長對於學校的事物較爲熟悉，所扮演的角色即爲帶領者，其將帶領成員進入課程發展中適當的位置；中期階段，因課程發展已進行一段時間，成員可能會因爲成效不彰、缺乏動機等原因而感到力不從心，此時校長所扮演的角色爲維持者，校長給予口頭或物質上的鼓勵，並且與成員討論，檢視是否需於何處做修改，以達到更好的成效；後期階段，因課程發展已漸趨成熟，校長已不再是主動的引導者，校長所扮演的角色爲協助者，課程發展的責任轉由成員負責，讓成員互相維持穩定的課程發展架構，並在必要時給予協助。校長可以透過課程領導的方式，與學校教育、行政人員共同發展校本課程，如上述所提及的臺北市，學校的課程配合雙語教育政策，試辦了「學科內容與語言整合教學」（CLIL）的實驗課程，課程領導者不只能在過程中充實自身的課程專業，也能了解課程發展的趨勢，以提升課程的品質，本研究係分析一位國小校長在推動雙語教育時的課程領導理念與作法。

參、研究方法與實施

一、採用個案研究之理由

質性研究是指研究人員於自然環境中進行研究，並試圖從人們給予他們的意義角度來理解或解釋現象，其所涵蓋的範圍十分廣泛，包含了現象學、敘事研究、紮根理論、俗民誌、個案研究等方法（邱炳坤等人，2018）。

本研究係從探討一位國小校長在推動雙語教育時的理念、課程領導之作法以及進行雙語教育計畫所碰到的困難與因應策略，研究過程中透過訪談的方式進行探討，並蒐集相關文件加以描述與分析內容。

二、研究場域

　　本研究之場域位於臺中市完美國小（化名），該校於雙語教育推行上已經邁入第三年，所推行的雙語教學方式爲沉浸式教學法，校內教師共同組成一個雙語教學社群，目前小山老師以及小珍老師分別負責以英語教授音樂與體育的課程，每週各教授兩節，課堂中之中英比例視學生學習情況作立即性調整。

三、研究參與者

　　爲探討一位推動雙語教育的國小校長之理念、作法與所遭遇的困難，本研究立意選擇於國民小學服務多年的小凱校長（化名）爲研究參與者。

　　小凱校長，男性，在教育界已經服務了24年，其於2005年時申請教育部的計畫並前往英國進修，十年後，則申請另一項計畫赴美國進修，因爲在國外接觸到不同的雙語教育制度，於是在回國後，也開始推動雙語教育，至今推動沉浸式的雙語教育已經是第三年，過程中，教師的教學以及學生的學習也都有良好的表現。此外，研究者也挑選校內二位教師作爲訪談對象，一位是小山老師（化名），一位是小珍老師（化名），兩位老師分別負責以英語教授音樂與體育，且小山老師也爲雙語團隊的組長。本研究所敘說之國小校長以沉浸式的教學模式作爲推動雙語教育的方式，自2017年的規劃期至近兩年的茁壯期，雙語教育的執行至2021年已推動了第三年，同時，此計畫也訂爲該校的校本課程。

四、資料蒐集、整理與分析

（一）資料蒐集

　　本研究主要以訪談的方式來探討此位國小校長在推動雙語教育時的理念、作法、面臨的困難以及因應作法，所探討的面向包含「雙語教育」與「課程領導」兩層面；研究者亦會將校長所提供的文件進行整理並分析，資料來源包含個人學習記錄、雙語教育計畫內容、學校網站、學校會議記錄與照片等，因資料來源多牽涉個人隱私，研究者將以訪談內容作為此研究的主要依據，並將其呈現於下一章節，最後，再經由資料分析來完整呈現此位國小校長推動雙語教育之情形。

　　本研究透過訪談及文件分析的方式來蒐集研究資料，以下針對此兩種方式於研究過程中，具體說明如下：

1. 深度訪談

　　本研究的訪談方式為有重點的訪談，針對研究主題進行提問，並以開放性的訪談進行，在正式訪談前，研究者會將訪談大綱事先擬定完成，並且徵求研究參與者的同意，於訪談過程中予以錄音。研究者會與研究參與者進行數次的訪談，訪談地點位於研究者所畢業學校之圖書室的討論室，每次訪談時間為三十至四十分鐘不等，視當下訪談情況而定，為求研究方法實施的嚴謹性，研究者先行進行試探性研究，詳細的訪談時間與地點，如表8-1。

2. 文件分析

　　本研究除了訪談記錄外，還會蒐集相關文件來彌補訪談內容的不足，透過多方資料的分析來增加研究的厚實性及可信度，文件包含學校會議記錄、學校網站等。

表8-1

訪談時間與地點一覽表

對象	日期	時間	地點
小凱校長	2020年12月4日	19:10-19:50	圖書室的討論室
	2021年4月6日	16:00-16:50	校長室
	2021年5月14日	14:00-14:30	視訊訪談
	2021年7月1日	15:00-15:40	視訊訪談
小山老師	2021年4月6日	14:30-15:00	諮商室
小珍老師	2021年4月6日	15:10-15:30	諮商室

（二）資料整理

　　研究者將蒐集來的資料，依照研究參與者、資料處理方式以及資料類型進行整理與分類。第一類型為研究參與者，編碼方式為：凱、山、珍，代表小凱校長、小山老師、小珍老師；第二類型為資料處理方式，編號方式為：凱訪04060137-0202，代表研究者於4月6日與小凱校長訪談所蒐集的第1頁第37行至第2頁第2行的資料；第三類型為資料類型，編碼方式為：訪，代表訪談，各類資料編碼之意義，如表8-2。

表8-2

資料編號與意義

類型	編號	編號之意義
研究參與者	凱、山、珍	小凱校長、小山老師、小珍老師
資料處理方式	凱訪／山訪／珍訪 04060137-0202	研究者於4月6日與小凱校長／小山老師／小珍老師訪談第1頁第37行至第2頁第2行。
資料類型	訪	訪談

（三）資料分析

　　研究者在訪談結束後，會先將錄音檔存入電腦資料夾以及雲端硬碟，待備份後，再將錄音檔轉譯成逐字稿。研究者將逐字稿列印後，會進行資料閱讀，並且把與研究主題相關的地方畫線、記錄自己的感受與想法。Yin（2011）指出，質性研究的資料分析，有以下三種方式：

　　1. 從研究參與者的回應中，發現可能之因果關係並且形成假設。

　　2. 從不同的事物中驗證假設，並做適當的修正與進階假設，直到能夠清楚地解釋所有的內容為止。

　　3. 透過敘述，將假設轉換為具有因果關係的說明，並進一步解釋。

五、研究步驟與過程

　　本研究旨在探討此位國小校長在推動雙語教育時的理念、作法、面臨的困難以及因應作法，所探討的面向包含「雙語教育」與「課程領導」二層面，根據這些主題的特性，研究者採用質性研究的方式，針對小凱校長進行訪談以及文件蒐集，進而深入探討並分析內容。研究者透過相關文獻的蒐集與閱讀後，訂定研究主題，再根據主題，發展出相應的研究目的與研究問題，接著再選取適合的研究參與者，最後進行訪談大綱的編製以及正式研究。研究者於訪談結束後，會將訪談內容轉譯為逐字稿，並將所蒐集到的相關資料，進行反覆確認與分析，最後將結果歸納、討論後，提出研究的結論與建議。

六、研究信實度

　　質性研究在探討信實度時，一般會以可信賴度、可接受度、可靠度三方面來針對研究結果加以討論，而可能會影響信賴度之因素也必須在研究進行時納入考量。高淑清（2008）指出，為了確保質性研究的信、效度，Lincoln和Guba於1999年提出可信度的四項指標來代替量化

研究的信、效度，分別爲可靠性代替內在信度、可信賴度取代內在效度、可轉換性取代外在效度與可確認性代替客觀性。本研究爲了提高研究信實度，將採取「三角檢核」與「參與者檢核」的方式。

肆、研究結果與討論

一、小凱校長進行課程領導之理念

（一）培訓雙語教師以發展適合的雙語課程

　　小凱校長將教師作爲課程的核心，因爲在學生的學習上，必須仰賴於教師的課程設計能力，優良的教師可以設計出適合學生學習的課程，學校現在正推行著雙語教學，所以在教師能力上，小凱校長所重視的爲雙語師資培訓的部分，藉由教師在雙語上的專業培訓，他們才能夠不斷更新，並爲課程做滾動式修正。

　　　　我覺得課程的核心就是老師，老師算是一切的核心，所以老師
　　　　的專業成長也非常重要，如果再講到課程的話，我認爲師資培
　　　　訓是最核心的（凱訪05140237-0239）。

（二）以孩子爲中心來設計合適的雙語教材

　　小凱校長認爲雙語課程的設計、規劃與執行等，所需要考量的首要目標爲學生的學習需求，一個目標的成功與否，需要由學生的表現來判斷，學生若表現得當，那麼在目標的設定下，就可以持續進行；反之，則需要改變目標的設定，以符合學生的學習需求，教學現場中，授課教師會依照學生的學習狀況來改變語言的比例。

我自己的名片有打上一句話，每個孩子都成功，每個孩子都重
要，第一個一定要以小朋友的需求跟出發點爲主，小朋友才是
我們要關注的焦點，由他們的表現，我們才知道我們努力的方
向能不能達到我們想要的目標（凱訪04061004-1009）。

其實這堂課上下去的時候，你就會發現對孩子的反應是什麼，
然後下一節課你就必須做調整，科任課的好處是像我有九個
班，等於這堂課，我就上了九遍，那我就可以去每一次去做調
整，做滾動式的修正（珍訪04060410-0413）。

（三）結合在地資源並「跨」出去

在學校的地區裡，當地的幾所學校不只會利用在地資源與課程做結
合，更會將這個特色發揚到其他縣市甚至是國際上，形成一個「跨」的
元素，當地所發展的薩克斯風以及花卉即是兩個著名的特色，並且在學
校課程的結合上也十分具有價值。

我覺得要結合社區，就學校本身的一些社區資源與文化，這
樣才能根據這個東西去做一些有意義的學習跟連結（凱訪
04061010-1012）。

依據蔡清田（2005）所提出的課程領導策略，在課程設計上所包
括的學生中心行動策略，其將學生設爲課堂中的主角，且教師應以學生
爲主來設計課程活動，小凱校長在課程領導之理念上，也是以學生爲中
心來進行課程設計，透過學生在課堂中的表現，適時地修正課程，使課
程達到最適合學生的樣貌，小凱校長的這項作法，爲的是能夠成就每一
位孩子。

二、小凱校長進行課程領導之作法

小凱校長至今推動雙語教育已經是第三年，前兩年申請教育部的計畫，第三年則爲臺中市雙語教育的計畫，他所進行的雙語教育模式是以沉浸式教學爲主。

（一）吸收有意願的教師參與雙語計畫

在進行雙語教育計畫時，小凱校長提到：「我覺得雙語這個東西就是因爲它牽扯到一個語言的成分。」（凱訪12040708-0709）。

> 在語言方面，我知道現職老師每個人的狀況都不一樣，而這個狀況主要可以分爲兩個部分，一個是意願，再來是他的能力（凱訪12040711-0713）。

在意願以及能力的選擇中，小凱校長會先尋找有意願的教師：「那有一些是能力不高但是意願很高。」（凱訪12040717-0718），「那這個就有可能出來。」（凱訪12040720）。

雙語教育主要部分在語言，故小凱校長認爲在推動時，須考量到意願以及能力兩部分，而校內教師又可以分爲兩類：能力高但意願低與能力不高但意願高的教師，小凱校長希望先吸收有意願的教師加入團隊，即使他們的能力不高，他也會透過課程等方式幫助他們增能。

> 以雙語的部分來說，它希望老師能夠用英語，所以口音跟英語教學這個部分可能沒有辦法做的這麼好，但我覺得沒有關係，他願意從零開始嘗試，我覺得就是一個成功的第一步，所以我們吸收的，一定是有意願的人（凱訪12040722-0725）。

（二）親力親爲－實際參與雙語計畫

　　吸收有意願的教師後，小凱校長會以參與的方式與教師一同進行課程規劃的每一個步驟，因爲他認爲，只有讓自己親自參與其中，才能對於計畫有所了解，若在對於計畫不夠了解的情況下引領教師，可能無法順利地將計畫完成。

　　　我覺得自己要能夠花時間跟老師一起參與，包括整個過程都需要親自投入，一個課程的轉變要能夠成功，校長必須要自己花時間參與（凱訪04061110-1114）。

　　參與計畫的教師對於校長的作法也感到認同，校長在一開始的時候是十分積極地參與其中，對於教師方面，也會以增能的方式來提升團隊運作，並親自與教師組成小組共同討論。

　　　校長第一年比較積極主動，他給我們input很多第一手的雙語概念，他也邀請很多大咖的教授進來，讓他帶著我們去了解雙語的課程世界（珍訪04060338-0340）。

（三）執行雙語教育計畫時的角色轉換

　　小凱校長認爲他所扮演的角色不應只是刻板印象中的上位者，其應擔任計畫的啟動者、執行者以及陪伴者，在不同的階段中，給予不同的協助。

　　　我覺得一開始，它有一個啟動的效果，一旦眞的啟動後，這個團隊本身的默契也慢慢發酵了（凱訪12040939-1001）。

　　小凱校長在擔任課程領導者時，時常思考自己在進行課程領導時的

角色定位，他認為，課程領導所扮演的角色，將因不同的課程發展階段
有所不同，在推動雙語教育的初期階段，小凱校長所扮演的角色為帶領
者，待教師熟悉後，則扮演陪伴與支持的角色。

> 課程領導的部分，我覺得自己在做雙語這塊的時候，比較
> 多的地方是在陪伴，然後扮演支持的角色（凱訪12041614-
> 1615）。

（四）妥善地配置各方雙語計畫相關人員

　　小凱校長提到，在推動雙語教育時，有三位人員所扮演的角色相當
重要，分別為領域教師、英語教師以及行政人員。

> 我常常覺得雙語如果要在學校有一些改變的話，有三個人一
> 定要到位，一個就是領域老師，比方說音樂老師或是體育老
> 師，他必須為這個領域專長的老師，而非英文老師背景（凱訪
> 12040615-0618）。

　　領域教師的專長在於他們自身的領域內，因為沒有英語背景，故在
進行雙語教育時，英語教師應給予協助，透過共同討論、備課的方式來
完成教案並於課堂中進行教學。

> 第二個的是英文老師，因為領域老師他畢竟不是語言的專業，
> 他需要英語老師跟他一起共備，所以我覺得第二個角色就是英
> 語老師（凱訪12040620-0623）。

　　除了教學面的妥善準備之外，還有一個重要的面向—行政面，行政
面所包含的工作與教學面相異，其所負責的工作包羅萬象。

第三個角色是行政人員，不管是行政的經費核銷，還是對外
聯繫，這些都需要行政人員的支持。學校能夠將這三個人妥
善配置的話，它的雙語教育就能夠步入正軌（凱訪12040625-
0630）。

三、國小校長推動雙語教育面臨的困難及因應作法

（一）面對教師雙語教育的過度期待，校長因應的作法為踩煞車

推動雙語教育期間，小凱校長也發現一項問題，因為有意願的教
師於過程中十分積極地投入，慢慢地，這樣的社群也吸引不少人的關
注，並也期待它可以有更大的發展，因此，教師希望小凱校長能夠以規
定的方式來進行這項計畫。

因為變多人對這個東西愈來愈關注，那就會有期待，他們會希
望能夠有再更積極一點的作法，甚至規定其他老師都能夠一起
來作（凱訪12040823-0828）。

小凱校長將這樣的情形比喻成光譜，在光譜上，兩端所代表的為快
與慢，走較快的教師，他們會希望能夠加快整體的速度、校長所領導的
作風可以再激進一點，並要求速度慢的教師加快腳步以跟上他們。

我覺得這就好像一個光譜，那一定會有一些老師走得比較快，
一些老師比較慢，對於比較快的老師，我們可以用過度期待來
給這群老師作一個標籤，因為他們希望能夠更激進一點、走得
更快一點（凱訪04061139-1201）。

面對這樣的情形，小凱校長會選擇踩煞車，他認為如果是以規定、
強迫的方式進行，不但無法達到良好的成效，反而會產生反效果。

我覺得到這個地方，反而我會需要踩煞車，因為我知道如果用這種由上到下規定的方式，每個老師的狀況不見得都是get ready的（凱訪12040828-0831）。

（二）面對領域教師英語能力不足的情形，校長的因應作法為鼓勵領域教師踏出第一步、為領域教師增能

若要領域教師用英語來授課，勢必得加強他們的英語能力，如果領域教師的英語能力不足，家長也不會放心將學生送到學校。

當你英文不夠好的時候，你怎麼說服人家來用雙語教學，家長的部分可能也很難去看到這一點（凱訪12041418-1421）。

雙語老師的授課能力分兩個，第一個是英文的能力，因為現在都要求B2，但如果要求B2的話，其實我們學校也只有雙語老師做得到（山訪04060511-0513）。

領域教師在面對自己不熟的領域時，心中時常感到恐懼，而真正進行雙語教學時，也備感壓力，深怕自己在英語的使用上犯錯。

一開始會覺得挺有壓力的，怕自己說錯、用錯，所以一開始還是在比較懼怕，且做且走，然後做中學，學中做的一種不安的過程（珍訪04060306-0308）。

我們以前都有學英文，但是不常用，臺灣的教育就是這樣子，我們是過去那種填鴨式教學，背然後寫。坦白講也沒有那個環境，即便有一定的知識量，我們也都沒有去應用它（珍訪04060223-0227）。

　　面對這樣的困難，小凱校長的因應作法為鼓勵領域教師踏出第一步，克服心中的恐懼，因為只有在領域教師願意踏出第一步，才能夠啟動計畫。

> 我覺得領域老師最該克服的第一個是他願意走出來，而且他的能力也要在至少60分及格之上，也不能夠程度太low（凱訪12041421-1423）。

> 學校有一個社群支持後，我就覺得這個安定感增加了很多，那這個安定感增加很多的原因是，校長跟一些英語老師一起進來協助我們領域老師（珍訪04060308-0310）。

　　克服完心中的恐懼後，接著所要進行的是增能的部分，小凱校長除了邀請校外的專家學者來為領域教師增能以外，也會透過校內的外師以工作坊的方式進行增能。

> 因為語言沒有辦法速成，那我們有請一個外師在學校服務，所以另外一方面也會連結到外師的功能，請他來幫大家開工作坊之類的（凱訪04061229-1232）。

（三）面對教師在使用英語上比例拿捏的問題，校長的因應作法為根據學生的狀況作調整

　　小凱校長發現，領域教師在進行雙語教學中，有時候會因為語言的比例而無法順利地進行課程，他以光譜來比喻這些教師的狀況，有的教師可以用接近全英語的方式授課，有的教師雖然無法這樣，但他們也願意嘗試以一些簡單的生活英語以及教室英語來溝通，這類的教師屬於觀望中學習的階段。

如果以光譜的例子來解釋，那麼像今天下午您訪問到的這兩位
老師，他們幾乎都是用全英文在授課，那他們也算是狀況調整
比較好的老師，也有老師是中間在觀望的，他們會願意嘗試
用一些Daily English跟一些簡單的Classroom English來試試看
（凱訪04061235-1240）。

領域教師在每一次的課前，雖然都會撰寫教案，但實際到現場教學
後，才發現到自己的瓶頸，例如：在知識的傳遞時，領域教師在語言
以及知識的拿捏上，會出現不同的想法：到底該教授學生多一點的領域
知識，還是在英語的使用上應多一點？這樣的分量對學生會不會又太多
了？

語言跟領域的拿捏上，特別是在教室的課程，因為它會有一
些知識性的傳遞，所以有的時候到底是英文多一點，還是領
域多一點，英文會不會過多，這些都是要去思考的（山訪
04060337-0340）。

對於這樣的瓶頸，小凱校長認為其因應作法是根據學生的狀況來作
調整，學生若表現得好，教師則可以繼續進行；反之，教師則須改變教
學中的內容，提供更適合學生的鷹架。

大概就是跟著學生的情況，那我覺得這也是translanguaging的
一個功能，就如果學生真的跟不上，那中文的部分可能鷹架也
會需要更細膩（凱訪12041105-1107）。

伍、結論與建議

本論文的結論與建議，分述如後：

一、結論

　　第一，個案校長在課程領導上的理念為培訓教師以發展適合的雙語課程、以孩子為中心設計合適的雙語教材、結合在地資源並「跨」出去。小凱校長在課程領導上的理念、作法為四點，如圖8-1。

　　第二，個案校長在課程領導上的作法為吸收有意願的教師參與雙語計畫、親力親為─實際參與雙語計畫、執行雙語教育計畫時的角色轉換以及妥善地配置各方雙語計畫相關人員。第三，個案校長推動雙語教育所面臨的困難，包括：教師對雙語教育的過度期待、領域教師的英語能力不足，以及教師在使用英語上之比例拿捏不易。第四，個案校長推動雙語教育所面臨困難之因應作法為：適時踩煞車調整步調、鼓勵領域教師踏出第一步、為領域教師增能以及根據學生的狀況作調整。

圖8-1

小凱校長課程領導時之理念與作法

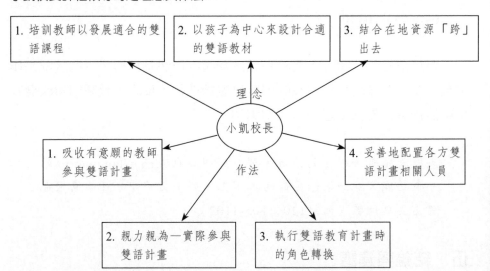

二、建議

　　首先，本研究除了針對國小校長做探討之外，也將領域教師的想法納入研究中，然而，因此雙語計畫包括了不同的面向，故建議未來有意探討相關方面的研究者，可以將行政人員、學生以及家長的想法加入研究中，使研究呈現更爲全面的結果。例如：在推動過程，可以詢問行政人員於計畫推動時所碰到困難以及其因應作法爲何、對於領導者的領導方式有什麼想法；詢問學生在雙語課程學習上的感受、對自己在未來應用這些知識的期許；詢問家長對此雙語計畫的看法爲何、未來是否還會希望自己的孩子接受這樣的學習等問題。

　　其次，我國政府於2018年規劃推動「2030雙語國家政策」計畫，期許臺灣走向世界，中央制定諸多雙語相關政策，地方政府也如火如荼地開啓一系列的雙語相關措施。從大學的雙語授課到生活上日常標語的雙語化，無一不是爲了使人民快速進入雙語化的生活，然而，部分人民對於雙語的害怕非但沒有減輕，反而加深其對雙語的恐懼。造成此種狀況的發生，研究者認爲當前政府的作法「過於快速」，儘管很多教師認同雙語政策的內容，但卻對於執行上的程序與步驟感到疑惑。政策上所敘述的爲大方向，那麼要如何將某一主題有程序且詳細地發展出來，正是大家所要一起探討的，若每一縣市所進行的內容天差地遠，國家也較難發展出水平相當的雙語政策，故研究者建議於政策制定的方面可以追加詳細的細項以及標準，讓各地方於推動雙語政策時更爲順暢。

參考文獻

行政院（2005）。**挑戰2008：國家發展重點計畫總結報告**。行政院。

吳彥慶、黃文定（2020）。從中學雙語師資培育經驗談臺灣雙語教學面臨的問題與因應之道。**臺灣教育評論月刊，9**(10)，42-46。

吳清山（2005）。校長行政教學課程整合領導。**臺灣教育，635**，2-7。

呂美慧（2012）。雙語教育。**國家教育研究院辭書**。取自https://pedia.cloud.edu.tw/Entry/Detail/?title=%E9%9B%99%E8%AA%9E%E6%95%99%E8%82%B2

邱炳坤、李俊杰、李欣霓、黃美珍、楊宗文、陳子軒……顏伽如編譯（2018）。**質性研究：設計與施作指南**（4版）（B. M. Sharan和J. T. Elizabeth原著，2009年出版）。臺北：五南。

高淑清（2008）。**質性研究的18堂課：首航初探之旅**。高雄：麗文。

國家發展委員會（2018）。**2030雙語國家政策發展藍圖**。行政院。

張武昌（2014）。臺灣英語教育的「變」與「不變」：面對挑戰，提升英語力。中等**教育，65**(3)，6-17。

教育部（2020）。**中小學國際教育白皮書2.0**。教育部。

單文經、高新建、蔡清田、高博銓編譯（2001）。**校長的課程領導**（A. A. Glatthorn原著，2000年出版）。臺北：學富文化。

黃嘉雄（2001）。落實學校本位課程發展的行政領導策略。**國民教育，40**(1)，29-34。

蔡清田（2005）。**課程領導與學校本位課程發展**。臺北：五南。

蔡清田（2007）。**學校本位課程發展的新猷與教務課程領導**。臺北：五南。

鄭淵全（2008）。國小校長在校本課程發展的課程領導作為及其相關問題之研究。**新竹教育大學教育學報，25**(1)，1-19。

Fortune, T. W. & Tedick, D. J. (2003). *What parents want to know about foreign language immersion programs*. Washington, DC: Eric Digest. Retrieved from https://eric.ed.gov/?

Genesee, F. (1984). *French immersion programs, In Shapson, S & Vincent D'oyley (Eds.), Bilingual and Multicultural Education: Canadian Perspectives*. Clevedon, England:

Multilingual Matters.

Marsh, D. (2009). CLIL: An interview with Professor David Marsh. *IH Journal of Education and Development, 26.*

Stern, H. H. (1972). *Bilingual schooling: some experiences in Canada and the United tested.* Thousand Oaks, CA: Corwin.

Yin, R. K. (2011). *Qualitative research from start to finish.* Guilford Press, NY: New York.

第九章

國民小學教育人員對雙語國家政策認知之研究

吳百玲

銘傳大學教育研究所碩士

張國保

銘傳大學教育研究所客座教授

壹、緒論

　　行政院於2018年12月6日通過「2030雙語國家政策發展藍圖」（以下簡稱雙語政策藍圖），確立「雙語國家政策」，自2019年開始落實「從小學就開始學英文」方案。但因政府推動「2030雙語國家政策」，易遭誤解爲「英語列爲官方語言」，行政院國家發展委員會（以下簡稱國發會）在2022年6月更名爲「2030雙語政策」。不過政策內容繼續沿用。國發會規劃之「雙語政策藍圖」含16項個別策略及8項共同策略，責成教育部鬆綁法規，從教育根本做起。雙語將行，師資先決，第一線執行雙語政策之國小教育人員對雙語國家政策的認知情形，影響未來之成效，爰於政策實施伊始，探討國小教育人員對雙語國家政策發展與配套之認知情形，並聚焦在雙語國家政策認知、問題與因應策略等相關議題。

貳、文獻探討

　　爲了解雙語國家政策發展及配套，先探討雙語國家政策目標與配套，其次分析新加坡實施雙語國家政策之啟示，最後探討雙語國家政策之相關研究。

一、雙語國家政策目標與配套概要

　　國發會（2018）依據行政院指示，規劃2030年雙語國家政策目標，著重於軟體環境的建置，強化國人英語聽、說、讀、寫等溝通能力，並以最小成本創造最大效益，從需求端全面強化國人英語力，以數位科技縮短城鄉資源落差，兼顧雙語政策及母語文化發展及打造年輕世代的人才競爭優勢爲重要理念，爲達成「以2030年目標，打造臺灣成爲雙語國家」之願景，設定「厚植國人英語力」與「提升國家競爭力」兩大政策目標。本研究以國小教育人員爲研究對象，摘錄國小有關

的雙語政策配套有四項：(1)修法建立彈性創新學習模式；(2)加速教學活化及生活化；(3)充實英語推廣人才；(4)運用數位科技創造普及的個別化學習機會。

　　教育部（2020）在2030雙語政策計畫中，包含推動高級中等以下學校運用英語進行多領域學習、提供偏遠地區學生學習支持、提升本國教師英語教學能力、擴增英語教學人力資源及提升高級中等以下學校英語教師教學效能。行政院（2021）在前瞻基礎建設計畫編列四年（110年至113年）100億元經費，以推動中小學運用英語進行多領域學習，包含英語課採全英語授課、補助部分領域及學科進行雙語教學，擴增學生英語學習機會。

　　綜上可知，行政院雖訂2019年為「雙語國家元年」，目前雖有願景、目標，但尚無具體的整體作為及實施期程。惟國家機器的體制龐大，宜有完整規劃，以利於政策的後續推動。

二、新加坡雙語國家政策之啟示

　　新加坡地小人稠，人口約560萬人。1819年新加坡只是個柔佛王國的附屬地（黃孟文、徐酒翔，2002）。1824年成為英國殖民地，1832年成為英國海峽殖民地的中央政府所在。第二次世界大戰後，從海峽殖民地獨立出來。1960年代明定馬來語為國語（National Language），並試辦兩所語文統合學校，允許父母為孩子自由選擇。

　　1965年10月，新加坡聲明馬來文、華文、坦米爾文及英文等四種語文都具同等地位的官方語文，但以英語為國家的工作語言（李光耀，2015）。對新加坡而言，英語是工具、母語是文化、國語則是象徵性意義，各種語言所代表的意義與功能不同，然而國情才是決定新加坡雙語政策發展的關鍵，到1979年《吳慶瑞報告書》才確定以英文為主。不可諱言的，這項決定確實帶來新加坡經濟繁榮發展和國際化的成功。

　　新加坡於2003年實施義務教育，規範6歲以上、15歲以下之學童須

接受十年義務教育。語言政策源自1963年9月制定《新加坡憲法》，並沒有因爲華人占人口數的75％，而忽略少數族群（馬來文14％、坦米爾文8％）語言的權利。1979年進英校的小一新生已占91％。除母語課程以外，所有科目都用英文，並在英語系國家招募以英語爲母語的英文種子教師，推動「講正確英語運動」（Goh, 2000）。

1999年的教育改革政策，加強「中小學英語教育」（駐泰國臺北經濟貿易辦事處，1999）。其教育部採取的方法有：(1)糾正發音及加強教授文法；(2)對八千名中小學英語教師進行六十小時的講習，以改進教學技巧，結業者可獲新加坡劍橋文法教學證書（Singapore-Cambridge Certificate in the Teaching of English Grammar）及(3)教育部與語言中心出版新加坡英語常見錯誤手冊。1980到1990年，設立「英文教學獎學金」（Scholarships Advanced Level and University Studies, for the Teaching of English, SALUTE），獎勵年輕人到新加坡國立大學或海外大學讀英文和英國文學，日後可成爲中學英文老師；現職教師增能部分，則是聘請40到50位的英語母語老師，重新訓練其英語教師。

新加坡爲城市型國家，而臺灣的偏鄉學校不少；且臺灣的人口是新加坡的四倍多，中小學校數約十倍。新加坡於1987年實施雙語國家政策，我國發布於2018年。雙語師資方面，我國先外聘後培育；新加坡「先外聘後培育，再成立專責教育機構」（李光耀，2015）。課程方面，新加坡採全英文授課，我國尚缺雙語課綱。教科書方面，新加坡自2001年後，開放教材自編，我國尚未明確。總之，2030雙語國家政策既爲目標，我國尚有許多再努力之處。

三、雙語國家政策之相關研究

以雙語國家政策爲關鍵字，蒐尋學術網路，除了官方文件之外，2019-2021年期間，以雙語國家或雙語國家政策爲主題的共五篇（王淩芳、林弘昌，2021；何萬順，2020；吳百玲，2019；張玉芳，2020；黃家凱，2021）皆以論述爲主，有關雙語國家政策之實證研究分析較

為闕乏，或因雙語國家政策公布不久。故本研究以「國民小學教育人員對雙語國家政策認知之研究」為主題，探討國小教育人員對雙語國家政策的認知情形。

參、研究設計與實施

一、研究重點與對象

本研究藉訪談國小教育人員對雙語國家政策之認知，蒐集國小教育人員認知雙語國家政策的問題與因應策略之意見。立意取樣臺北市（校長、英文教師）及桃園市（校長、教務主任）共4位（見表9-1）已實施雙語教育之公立國小現職教育人員為對象，進行訪談。

表9-1

研究訪談對象

編號	性別	服務單位	職稱	年資	與本研究關係
A	男	臺北市○○小學	校長	40年	1. 皆服務於公立雙語小學
B	女	臺北市○○小學	英文老師	18年	2. A和B為臺北市英語輔導團成員
C	男	桃園市○○小學	校長	30年	
D	女	桃園市○○小學	教務主任	29年	

二、研究工具與資料處理

本研究以自編「國民小學教育人員認知雙語國家政策之研究訪談題綱」作為研究工具。問卷初稿經7位學者專家審視題目的適切性，以提高題綱之內容效度。訪談大綱的主要內容含雙語國家政策發展的背景與歷程及配套、雙語國家政策發展的人才培育措施、雙語國家政策發展之

問題與因應策略及其他有關雙語國家政策之相關建議等項。爲提高資料的內在信度，本研究將整理的內容請受訪者確認修正，並依訪談順序編碼，以利資料分析。編碼舉例：210325-A，21代表2021年，0325代表3月25日，A代表受訪者A，餘類推，使內容更具客觀性。

肆、結果分析與討論

本研究彙整訪談意見，歸納國小教育人員對雙語國家政策的認知情形、遇到的問題及相關因應對策，綜合分析如下。

一、雙語國家政策之認知

（一）雙語國家政策背景及歷程

2018年12月6日行政院通過「2030雙語國家政策發展藍圖」，讓臺灣成爲使用「中文」與「英文」的雙語國家。

臺灣爲什麼推雙語國家？其實是整個國家定位及經濟發展的結果（210325-A）。

2030年雙語國家政策，正式起步是2024年。現在是試辦。目前還沒有一個正式文件講雙語國家政策的時程和重要事項（210325-A）。

行政院2018年發布，有雙語國家政策的白皮書，詳細政策要去看白皮書內容（210415-C）。

雙語國家政策預計2030年全面實施，但各學習階段的明確實施時程尚未公布。現階段學校只是當作雙語教育在執行，大家都邊做邊

學，而且各縣市缺乏橫向聯繫。

> 在雙語國家政發展歷程上，大概就是從報章媒體上看到的，
> 就是有需求，是國際化的趨勢，那我們就會去推動這件事
> （210415-D）。

> 雙語教育的目標是什麼？各階段的重點又是什麼？沒有一個正
> 式文件，大家都摸著石頭在過河；教育部的雙語師資培育計
> 畫，全國如何分配？各科怎麼分？尚不確定（210325-A）。

可知雙語將行，足夠且專業的雙語師資才能奠定雙語教育的穩定基
礎，也是雙語國家政策能否成功的關鍵。

（二）雙語國家政策的相關配套

在雙語國家政策藍圖中，對學校的配套著墨不多，現階段以雙語師
資的培訓爲主。

> 雙語國家政策的配套，相當模糊。行政院要做什麼？教育部要
> 做什麼？目前爲學校執行的配套，是師資培育大學參與雙語師
> 資的培訓及提供給在職教師進修的英語增能學分班（210325-
> A）。

> 目前了解雙語國家配套，就是透過報章、媒體和雜誌，或去研
> 究簡報的相關配套，較欠完整（210415-C）。

> 臺北市政府的目標，希望逐步達到雙語師資比率每校40%的目
> 標。但現有英文老師約八百位，共有五千八百多班，用1.8去
> 算的話，小學師資快一萬人。所以雙語師資人數會比用三分之
> 一計算需求師資還多，那雙語人才培育政策十年計畫要培養的

五千人，臺北市就用光了（210408-B）。

雙語師資的估算若只以供給端考量，忽略需求面，則雙語教育也只能存在於都會區。現行的雙語師資班門檻是英文檢定聽說讀寫皆須到達B2等級，所以師資班不多，於是只能用代理和代課師資來做雙語課程。

> 雙語師資來源，現階段的第一順位是大專校院師資培育機構直接配下來的老師；第二順位才是鼓勵現職老師去英文增能。代課老師不是沒機會，只是排在第三順位（210415-D）。

> 目前雙語師資人才已經不夠，師資班能開成的又少，臺北市的現況就是找不到，所以招考雙語代課及代理（210408-B）。

雙語國家政策計畫十年要培養五千人，對全國23縣市的國中小所需的雙語師資，是嚴重的低估，算算這十年內會退休的老師名額，要補上多少雙語老師的缺額，評估擴大編制，雙語教學才能順利進行。現階段師資培育大學的雙語師資學生還沒畢業，除公費生外，其餘的師資生會不會從事教職，還是未知數；因此，在職教師英語增能便是培育雙語師資的另一條管道。

> 去上英語增能的，三分之二或四分之三以上都是英文老師，所以來上英語增能課程的，都是現職英語老師（210325-B）。

> 英檢門檻限定到B2，就只會是英語老師，因為大多數都是英文老師才會有B2級。英文老師去教自然或其他科很容易，可是你叫自然老師、數學老師再去學英文，有點難度。一所學校只有2-3個名額。修完之後，對薪水沒有幫助（210415-D）。

　　在職教師大部分都是英語老師搶著去增能，而不是學科老師，英檢門檻讓他們望之卻步。

> 英語老師和學科雙語老師怎麼定位，還在研究。但不可能把自然和音樂老師請出去，雙語政策應該要有一條現職老師增強英語能力，只要走上這條路，取得資格或被認證，應該可以受到激勵（210325-A）。

　　國小是包班制，老師要做的事情很多，只能利用課餘的時間繼續進修英文。若沒有激勵制度，會讓老師對英語增能裹足不前。新加坡在發展雙語教育初期，引進母語為英語（英國）的老師約400名；而臺灣的外師政策沒有中央整合，由縣市各自為政。

> 臺北市最早引進的外師是在12所情境中心學校，現在有21所學校有外師，大都來自國外大學的交換學生而不是有雙語教育證書及教學經驗的老師；養一個來自英美國家的外師，年薪至少百萬以上，政府給的預算沒那麼多，所以現在的外師以南非籍和菲律賓籍較多（210325-A）。

> 若要雙語教育政策持續執行，就不可以只考慮外師，因為外師畢竟是短期，而且挺貴的，但效果有待商榷（210325-B）。

　　臺灣的師資政策需要教師證才能教書，但引進的外師卻只要會說英文的大學生就行。問題是預算不足，所以只能被迫接受年輕的大學交換生，對外師的英語教學品質堪憂。

二、雙語國家政策之問題與因應策略

（一）雙語國家政策配套的問題

雙語標示是國際化的第一步，雙語數位文宣則是要努力的下一個目標。

> 有關雙語標示，現在都數位化了，很多文化的刊物、政府的
> 服務都數位的。現在的雙語普及率、密度及正確率都不夠
> （210325-A）。

中文多音且多義，中翻英到底要翻成「音」，還是「義」，有時讓人很難取捨。

> 中英文是不同的。到底是要翻「音」，還是翻「義」？先前就
> 有學校要我們翻譯忠孝、仁愛樓，翻音的話意思完全沒到，怎
> 麼翻，真的有點困難（210408-B）。

雙語標示需要國際通用，常常看到的是用直譯的方式，將不適切的英文詞彙直接套用到雙語標示中。但校內的雙語環境應以學生英文學習為主，雙語標示正確化的學校環境，是接軌雙語國家政策的第一步。英語力並不等於國際觀及全球化，具備國際觀及全球化，並不是單單擁有英語力就能做到。

> 社會上有一個迷思，就是英語等於國際化或是全球化，這是很
> 糟糕的。因為現在只是把英語變成雙語，而沒有溝通及理解多
> 元文化（210325-A）。

參考日本的情況，國民雖擁有國際觀和全球化的交流，但是英語普

遍講得不好，可見英語力並沒和國際化劃上等號，而是資訊流通、人口跨國流動及參與國際事務的程度，才是關鍵。

（二）雙語國家政策的因應策略

好的政策需要完整的配套，才能深化和延續。

> 新加坡因為有被英國殖民過的歷史，世界上沒有像臺灣這樣實施雙語的模式。師資、環境、文化這三個很重要；韓國比較積極的地方，對雙語教育的規劃是把國中、國小及高中課程一起納入考量（210325-A）。

雙語國家政策要成功，就是要將國小、國中、高中的課程一起考量，英文學習與學科學習不能混為一談。且資源投入宜再深耕，目前雙語教育是由教育部編列經費支援。在前瞻計畫中，從2022年起，每年英語教育經費提升到20億元。

> 既然是國家政策，期待投入更多的資源，在制度上要深耕。不管是文書、各種服務、要做基礎的建設，但也不能忽略城鄉的差距（210325-A）。

> 資源有分硬體跟軟體，常常都只給硬體，沒有軟體的來源。教科書算是硬體，但人力的部分是軟體，現在學校也有平板，但就只給平板，上課要用到的App沒提供。學校用很多經費在整修教室，教室整理好了但雙語師資沒到，上課模式還是原本的，那是浪費（210408-B）。

因此，推動雙語教育成功與否，師資為首要關鍵。

校內的老師也很積極地去進修，尤其是30歲以上的老師，他們知道雙語教育是時勢所趨，都有這種基本的認知（210415-D）。

可以期待有實質的雙語政策，務實一點的期程，就是師資沒到位之前，就不要讓學校開始實施雙語教育（210408-B）。

目前雙語師資培訓整體規劃資訊未明，40歲以上的正式老師需要動力才會考慮增能；而年輕老師為了生存，為了不被淘汰，要進修英文。各縣市推動雙語教育的進度，被控制在師資的來源，師資培育需要整體的規劃。

新課綱已在2019年實施，但未放入雙語國家政策相關內容，雙語課綱宜及早制定。

所謂的雙語課綱，絕不是把現有的K-12課綱的條文直接翻譯成英文（210408-B）。

在課程上，一定要反映到課綱，才有真正穩定的雙語實施基礎。可以從課綱、師資、環境的建置等各方面去做分析（210325-A）。

雙語課綱要有一個架構在那裡，不斷去充實，雙語教育的成效才會出來（210408-A）。

雙語課綱是為雙語國家政策所作的教育政策配套，因課綱審定需要漫長的時間，雙語課綱要提前備妥規劃。

雙語教材的使用是雙語學校現場老師的困擾，國家宜先主導雙語教科書編撰。

雙語教材應該由國家發展及主導，至少要像新加坡一樣，由國家出面主導並規劃（210325-A）。

至於外師，如果真的來了，他們是這些學科專長的嗎？沒課本給他們上課，要怎麼上（210408-B）。

雙語是國家的政策，教材編撰就該效法新加坡，先由國家主導及規劃。

三、綜合分析與討論

（一）雙語國家政策的認知

1. 雙語國家政策的背景

新加坡是實施雙語國家成功的範例，長達四十餘年才看到成果。但臺灣欠缺相關英語文化底蘊及生活化的英語環境，若以讓國人能夠隨時開口說英文，增加國際移動力，雖屬正當但有點牽強；因此政府喊出2030要成為雙語國家後，學校只能被動承受及配合，欲達成目標須加倍努力。

2. 雙語國家政策的相關配套

受訪者認為在雙語國家政策藍圖中，真正為教育的配套不多，目前只看到師資培育大學的師資培訓及在職教師的英語增能學分班，並沒有其他整體配套。雙語國家政策仍停滯在盤點法令階段，但欣慰的是，已實施雙語教育的縣市逐年增加實施雙語的學校。雙語國家政策正式文件尚未頒布，各學習階段的實施時程也未明朗，受訪者認為還有很多可以調整的空間。全國的小學須在2024年開始實施雙語，在六年後（2030年）進入國中階段時，才能無縫銜接。但師資培育進程要努力跟上，不然會造成學習斷層。

政策目標及內涵方面，受訪者認為時間倉促。至今公布的目標及內涵尚欠明確，若沒有短中長期的目標及規劃，則2030年難矣。受訪者

認為，有關教育政策的部分，只有規劃師資培育及在職英語增能，然資源投入及環境亦有待提升。未來雙語師資需求，以109學年度全國公私立國小的總班數51,164班，約需92,000人的國小雙語師資，教育部透過師資培育大學管道，十年只計劃培育5千人，缺口相當大。

　　以臺北市為例，該市有師資大學公費培育、雙語學校聯合甄選、代理教師增能真除、現職教師增能培訓、市內教師調校意願及外籍教師協同教學等六大雙語師資培育管道。但每年雙語師資需求若渴；中央應制訂準則，讓地方決定細則。另一方面，由於偏鄉師資留任不穩定，若欲全面實施雙語教育，偏鄉的雙語師資需更多的獎勵政策及公費生制度。

　　以新加坡為例，在學校轉型雙語教育的初期，鼓勵在職教師進修英語。因此教育部宜鼓勵有意願且有能力學習的老師去進修，且宜檢討B2門檻，鼓勵在職的學科老師有機會參與雙語增能的動機與誘因。

　　在外師引進方面，目前由各縣市教育局負責，視預算決定外師的國別、品質及聘期長短；若由國家出面，可以用專案申請的方式，從較先進的英語系國家引進更優秀的專業師資。且政府應訂定友善的移民及就業政策，並設立專責機構管理外師，讓人才留在臺灣。

（二）雙語國家政策之問題與因應策略

1. 雙語國家政策之問題

　　首先，雙語標示在中翻英時，沿用羅馬拼音，並沒使用國際通用的漢語拼音，對剛來臺灣的外國人，文字間的轉換，甚至是思考邏輯上的轉換，需要更細緻處理。其次，學校圍牆之外的雙語環境建置，包括語言使用、情境面及布置面相當欠缺，這樣的硬體設備及公共設施讓老師很是困擾。再次，英語力與國際觀及全球化，受訪者舉日本為例，英語雖然講得不好，但整個社會仍擁有國際視野和全球化的交流，這不是單單擁有英語力就能做到。復次，政府的預算投入，須檢視現有的資源，前瞻計畫雖已規劃投入每年約20億元的經費，但受訪者覺得仍是杯水車薪。最後，欠缺完整的師資培育政策，受訪者認為現有的雙語

師資明顯不足，這幾年，縣市政府舉行雙語教甄，都是供不應求。不過，要增加雙語師資數量之前，必須要有完整的師資培育計畫。

2. 雙語國家政策的因應策略

為因應國際化接軌，中翻英宜使用國際通用的漢語拼音；為使校園內外環境之雙語環境一致，雙語環境建置宜有統一的標準；接著須強化國際觀及全球化的共識；且政府的經費資源，宜在教育扎根方面投入更多軟硬體經費；至於師資培育應有前瞻性的整體規劃。另應儘速制定雙語課綱，受訪者認為現階段為讓外籍老師教學方便，於是把現有的新課綱翻譯成英文，不是符合雙語國家需求的雙語課綱，且需在雙語國家政策的正式文件發布後，馬上進行規劃；而雙語課程宜加強行政的縱橫聯繫，雖然縣市都有英語輔導委員會，但沒有權力去干涉學校的政策。臺北市是雙語推動辦公室，桃園市則是教育局的小教科，縣市之間沒有橫向聯繫。最後，教科書編撰宜先由國家主導再開放民間，受訪者認為教材編撰就該學新加坡，先由國家主導及規劃，成熟後再開放民間發展。

（三）建構教育人員認知施行雙語國家政策之配套架構

本研究探討國小教育人員對雙語國家政策認知、問題與因應策略等相關議題，經依文獻及訪談，綜合歸納教育人員雙語國家政策施行之配套架構，如圖9-1。由圖9-1顯示，國小教育人員對雙語國家政策的認知，較關心雙語教育的實施、正式課程、增強外語及2030實施的時程議題。在雙語國家政策問題，國小教育人員關心語言政策、師資整備、雙語環境、外師聘僱、城鄉差異、教科書、英語增能及經費預算等議題。在雙語國家政策的解決策略方面，國小教育人員關心雙語課綱、專責機構、獎勵增能政策及塑造雙語氛圍等議題。

圖9-1

國小教育人員雙語國家政策認知施行之配套架構

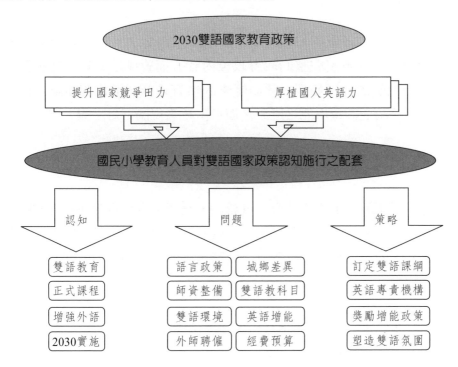

伍、結論與建議

依本研究之發現歸納結論，並提出建議供教育主管機關、學校與教育人員參考。

一、結論

根據本研究目的與研究發現，綜合歸納以下結論：

（一）國民小學教育人員對雙語國家政策的背景與配套的認知情形，尚欠完整

國小教育人員所認知到的雙語國家政策內容，各學習階段尚未有明確的預定時程及不完整的教育政策內容。而對雙語師資人數規劃不足、在職教師的雙語轉型、雙語師資的培育來源、進修管道及預估人數、在職英語老師搶增能之亂象，顯示出政策規劃不足之處。

（二）雙語國家政策的師資培育規劃，在培育管道及配套均顯不足

身處雙語教學現場的教育人員認為，雙語師資培育存在多元的師資培育管道及配套獎勵措施不足，以及優質英語師資比例仍有待提升之問題。且外師的聘用，限於經費無法延聘優秀的英語外師，影響到雙語教育品質的提升。

（三）雙語國家政策之問題配套，尚須整體規劃

綜合研究發現，雙語國家教育政策配套不足，法規欠完備，相關政策及法令的修訂，如《國民教育法》、《高級中等教育法》、《私立學校法》及雙語課綱的訂定等，尚須全面檢視，並加速訂修時效。其次，雙語國家所需之軟硬體設施及環境和資源，須整體規劃投入，雙語國家的環境建置，如雙語環境與雙語服務，以及硬體與軟體還需後續的預算投入及規劃。再次，尚缺雙語專責機構的規劃，不利教學協助，尤其英文非臺灣之國家語言，要拿來教學，需要更嚴謹的學術態度去面對，欠缺雙語教育專責機構，恐難解決未來教學現場上的種種問題。

（四）雙語國家政策的實施，應有更周延的措施

為使雙語國家政策順利推動，首先須訂定雙語課綱，使雙語教學有

所依循。其次，應擬定可與國際接軌的目標及教育方針，營造有利國際交流與合作的環境，「2030雙語國家政策發展藍圖」強調國際競爭力的重要，更有必要營造有利於雙語發展的國際交流與合作環境。再次，須解決學生英語程度的雙峰及偏鄉資源不均問題，歷年國中會考呈現的「英文雙峰現象」，其形成有：城鄉差距、學生家長不同的社經背景、師資的良窳、學生的學習動機及興趣、學習資源的多寡等複雜因素，值得重視解決。最後，新加坡延攬外師及設立英語學院促成雙語國家政策的成功。臺灣宜持續進行長期的雙語教育研究，研發有效的雙語教學法、教材及教學媒體，強化教師進修管道並建立績效評鑑制度。

（五）雙語國家政策的施行，宜重視教育人員關切之配套架構議題

本研究建構之國小教育人員對雙語國家政策施行之配套架構，含對雙語國家政策的認知、問題及解決策略三個層面，可清楚了解到雙語國家政策對提升國家競爭力及厚植國人英語力的重要性。但也發現教育人員對此項政策尚有諸多亟待探討與持續關心的議題，值得規劃與實施雙語國家政策時，進一步深思。

二、建議

根據研究結論，對教育主管機關、學校與國小教育人員提出以下建議：

（一）對教育主管機關
1. 因應2030雙語國家政策的實施，儘速訂定雙語課綱

針對2030雙語國家政策的實施，建議儘速召開課程審議大會，訂定雙語課綱，並先編定教科書，未來再開放民間自行編寫雙語教科書，解決雙語學校存在已久之雙語教科書不足的問題。

2. 訂修雙語國家政策法規，增加多元雙語師資管道

現階段雙語師資之質與量不足。建議以需求面考量修正相關師資培育法規，補足未來預期雙語師資短缺之問題。

3. 加強修正獎勵辦法，鼓勵在職教師英文增能

在職教師英文增能意願薄弱，建議修正獎勵辦法，提高誘因及適當的激勵策略。

4. 加強雙語教學研究，由中央專責管理外籍英語教學人員

參考新加坡延攬外師及設立英語學院促成雙語國家政策的成功案例，並應由國家出面，從英美國家引進優秀外籍英語教學人員，從招募、行政作業、聘僱契約、培訓及輔導、評鑑管理、權利義務關係等，確保外籍英語教學人員品質。

（二）對學校的建議

1. 定期辦理雙語研習，提升教師專業知能

想進修英語增能課程的教師仍多，建議將學校建構成一個學習型組織，定期舉辦雙語研習、教學研究會、教師專業社群、推展教師專業發展與評鑑或教師自我成長方式，提升教師專業知能。

2. 鼓勵教師參加英文增能課程，宣導進修訊息

建議學校利用學校網頁加強宣導訊息，鼓勵教師英文增能進修，以增進專業成長。

3. 爭取相關經費，充實及改善學校軟硬體設施

校區設置具正確意涵的雙語名稱標示，營造學習環境、教學設備或教材資源，使教師在雙語教學上達事半功倍之效。

4. 設立雙語教學組，強化雙語教學成效

學校若有機會聘用外籍英語教學人員，建議學校設立雙語組，以照顧外師及作為外師和校內老師溝通的橋梁。

（三）對國民小學教育人員的建議

1. 積極配合政府政策，落實2030雙語國家政策的實踐

雙語國家政策已成定局，建議國小教育人員應積極、務實地配合政府政策，使2030雙語國家政策目標順利達成。

2. 參加雙語進修研習，提升教師專業知能

教師唯有不斷進修，才能保有競爭力並提升專業知能、增進專業成長。取得雙語師資增能學分後，更要不斷充實自己，用雙語教學且提高學生學習成效。

王淩芳、林弘昌（2021）。從2030雙語國家政策（110-113年）出我國雙語發展之我見－以新加坡爲借鏡。**臺灣教育評論月刊，10**(5)，89-95。

行政院（2021）。**中央政府前瞻基礎建設計畫第3期特別預算案（110年度至111年度）審查報告（修正本）**。

何萬順（2020）。從雙語國家和雙語教育反思臺灣的語言價值觀。**臺灣教育評論月刊，9**(10)，1-7。

吳百玲（2019）。2030打造臺灣成爲雙語國家願景之我見。**臺灣教育評論月刊，8**(4)，160-165。

李光耀（2015）。**李光耀回憶錄－新加坡雙語之路**。時報文化。

翁燕珩（2011）。如何看待最近十年國外雙語政策的變化。**教育科學文摘，30**(3)，14-15。

國家發展委員會（2018）。**2030雙語國家政策發展藍圖**。行政院。

張玉芳（2020）。淺談2030雙語國家政策。**臺灣教育評論月刊，9**(10)，19-21。

教育部（2020）。**2030雙語政策（110年至113年）計畫（第一次修正）**。取自https://www.edu.tw/News_Content.aspx?n=D33B55D537402BAA&s=FB233D7EC45FFB37

黃孟文、徐迺翔（2002）。**新加坡華文文學史初稿**。新加坡國立大學中文系。八方文化。

黃家凱（2021）。邁向2030雙語國家之路：政策社會學之觀點分析。**中等教育，72**(1)，32-47。

駐泰國臺北經濟貿易辦事處（1999）。新加坡當其前的主要教育政策。**教育資料與研究，31**，141-143。

謝國斌（2020）。印尼的族群政策。**臺灣國際研究季刊，16**(1)，41-69。

Goh, C. T. (2000). Speech by Prime Minister Goh Chok Tong at the launch of the speak good English movement on Saturday, 29 April 2000, at the *Institute of Technical Education (ITE) headquarters auditorium*, Dover Drive, at 10:30 am. Retrieved from https://www.nas.gov.sg/archivesonline/speeches/record-details/75bdef49-115d-11e3-83d5-0050568939ad

第十章

技職校院實施雙語教育之挑戰與因應策略

葉建宏
北京師範大學職業與成人教育研究所講師
國立臺灣師範大學工業教育學系博士
葉貞妮
國立臺北科技大學技術及職業教育研究所博士班研究生

壹、前言

　　全球化趨勢的影響之下，世界各地都呈現密不可分的關係，是以如何溝通成為一項巨大的挑戰。最常見語言區包括西班牙文、英文、中文、泰文、法文等，其中英文被許多國家認為是國際語言，是與外國人溝通時最經常使用的共通語言（Jaelani & Zabidi, 2020），英文成為與世界接軌的必備能力，要能及時獲得最新資訊，英文能力就顯得極為重要。臺灣為了提升國際競爭能力不落於人後，在2018年國家發展委員會提出「2030雙語國家政策發展藍圖」，其目的為提升人民的競爭力與外語能力（國家發展委員會，2018）。

　　Madrid與Julius（2020）表示在全球化的交流主要是透過英文，英文為國際交流與進入國際市場必不可缺的工具之一，Jenkins（2014）與Seidlhofer（2011）指出歐盟也對各級教育機構的英文進行引導與推廣。Handayani（2015）則指出英文並非僅是限於學術領域而已，更被廣泛運用於經濟上，是一種與全世界交流的重要媒介，通往國際的必要條件。英文作為國際共同使用語言，然而臺灣卻在2018年才開始推動雙語政策，顯示臺灣在推動雙語教育上，已經落後其他國家（地區）一大步，而劉東遠（2008）研究指出，就讀技職體系的學習者在英文能力上，一開始就落後於就讀一般體系的學習者，尤其是在進入科技大學以後能明顯發現，原先學習者的英文能力有高低落差，但入學後，英文能力逐漸拉近，並非是落後者的英文能力有所提升，而是整體的英文能力一同退步，這意味著臺灣技職教育的英文能力遠低於標準。

　　張武昌（2006）指出國際語言較差的人，無法迅速跟上世界的變化，對於取得新資訊的理解力也會較慢，然英文能力雖不能直接代表國家競爭力的強弱，但卻是一項極為重要性的指標。張國保、袁宇熙、林清南與李寶琳（2013）指出技職教育對於英文的教學政策，是以職場英文為教學重點，技職教育所需之專業英文必須是具備專業背景與專長之教師。然而英文教師普遍對於這方面熟悉度不足，造成技職學生在學

習英文上以專業英文為目標，卻又面臨缺乏專業英文課程、專業英文詞彙不足等問題（賴金燕，2005），本文即針對技職教育中的雙語教育提供策略以供參考。

貳、技職校院英文教學實施現況

目前中等技職教育的英文教學實施是依照《十二年國民基本教育課程綱要國民中小學暨普通型高級中等學校語文領域—英文》進行。在此課程綱要中，要求技術型高級中等學校的高一及高二年級學生需要每學期修習4學分的英文課程，而高三學生在上學期需修習2學分。此外，在高中階段的加深加廣選修課程中，學生可以就英文或第二外國語任選一個科目或合計選修至少6學分的課程（教育部，2018）。

依照《大學法》及《學位授予法》的規定，高等技職教育的課程及學分設置是各校自主，學分數由各校自訂之。而多數學校將英文列為大一學生的必修課程，部分學校則設有大二上學期的必修課程，並在學碩博等三個階段皆設有英文畢業門檻，需要考取英文檢定證書或是通過補救教學措施才能畢業，而擁有優異的英文檢定成績的學生則可以申請免修英文必修課程。

參、技職校院實施雙語教育之挑戰

培育國際化人才之關鍵因素是語言溝通能力，教育部前技術及職業教育司司長李彥儀曾指出，臺灣的大專校院學生國際視野比較狹隘，也因外語的練習量不足，對外溝通能力相當有限，技職體系學生在英文能力上則更顯不足（林怡亭，2015）。

一、技職學生的外語能力普遍仍有待提升

馮靖惠（2019）指出目前臺灣大型企業要求新進員工的英文多益成績平均為582分，然臺灣2017年就讀一般大學的學生多益成績平均為578分，而就讀技職體系的學生多益成績平均為425分。這也意味著，臺灣不論是一般體系或技職體系之學生在英文成績的平均值皆未達到大型企業所需之標準。技職體系學生英文成績表現上又與企業標準相差甚遠，嚴重降低臺灣的多益平均分數。

Archibald等人（2006）指出外語能力要達到基礎的溝通能力至少需累計2,000小時。然目前臺灣學生在學習英文課程並未達到標準，在未扣除考試的時間並以每學期18週、每節課為一學時的計算下，小學階段為三至六年級共216小時，國中階段三年為324小時，高中階段三年為648小時，及大學階段一年級必修英文為72小時至108小時，合計1,260至1,296小時之間，若要達到2,000小時，需修習704至740小時的課程（等於39-41學分），可見臺灣教育在安排英文課程上，遠遠無法達到學者建議之標準。再加上學生的英文基礎薄弱、學習動機低落、學習處於被動狀態等因素（Tsao & Hsu, 2010），造成臺灣學生英文能力並無法作為溝通工具，更何況是技職體系的學生，原先英文能力就遠低於一般體系學生。

二、技職校院學生的學習動力較為薄弱

研究結果顯示，一般教育體系的學生的英文能力明顯領先於技職校院學生，而且與其他公立學校相比，就讀於私立職業校院的學生之英文能力又存在著更大的落差（劉東遠，2008）。此外，社會上對於技職體系學生的刻板印象是學科能力較落，學習風氣及動機較為薄弱，雖然近年政府單位及教育學者努力翻轉此刻板印象。但技職體系的學生仍有不少人，會以自身會就讀技職體系，就是因為學科能力較差，才選擇技職校院就讀的原由，來迴避英文的學習。

三、專業英文較爲進階

　　專業英文在技職教育推動相當不易，專業英文是指某個領域的專業用詞且是以針對具有基礎英文能力的學習者所設計，這代表學習者在學習專業英文時，應具備一般英文能力後，再進階學習專業英文（林肇基、張嘉育，2019）。然技職教育學生的一般英文能力就落後於一般體系學生，而專業英文卻是比一般英文更爲進階的英文，故技專校院若要推動專業英文時，仍要考量到許多學習的配套面向，才能有效推行。

四、技職校院的雙語師資不足

　　雖然現在許多技術型高中的教師具有碩士學位，而科技大學或專科學校的教師也多具有博士學位，但在求學過程中，仍多以中文來學習。雖然求學過程中有習得專業英文字彙，對於英文教案設計、課程設計，及全英文授課的經驗仍然不足；且如何將專業英文以較爲通俗的方式，以英文表述給予仍在奠定語言基礎的學生了解，對於教師而言也是一大挑戰。

五、缺少技職英文的應用環境

　　臺灣在生活或學習中，主要的語言仍是中文，而在中南部地區，許多學校的校園中則可能充滿了中文與臺語交替的情形。校園中英文的使用環境十分稀少，且基本上只有在少數課堂或英文課堂中，才有機會接觸到英文。但是Ridley與Walther（2000）表示一個優良的學習環境，可以提高學習者主動學習的意願，而吳雨桑與林建平（2009）指出，學習英文的環境愈好時，學習者的學習動機會增加，且學習策略也會提升，進而提升學習效果，然在技職教育中缺乏可使用英文的環境，因此學生並未有一個英文環境來學習英文。

肆、可行之因應策略

一、各校資源共享

臺灣在學校資源的分配充滿著許多不公平之處，不僅是公立與私立本身就有落差，學校的優劣排名也造成資源分配上極大的差異。首先，私立學校的資源主要依賴學生的學費，學校也可透過申請，獲得政府之經費，但申請上並不容易。公立學校，經費來源是透過政府分配，經費獲取上比私立學校來得充裕。同樣為公立學校，經費分配上仍有極大的差異性，故學生在選擇就讀學校上，在資源上就產生極大的差異。

張武昌（2014）指出提升英文能力應含聽、說、讀、寫等各項能力，若是僅重視成績之表現，那麼只會偏頗於聽、讀、寫等能力，這代表溝通對話之能力會表現較差，然進入大型企業不免會遇到需與國外廠商溝通，那麼企業在選擇人才上仍會更偏好選擇四種能力皆備之人才，因此在教育政策上仍要全方面來提升能力。若學校資源無法全方面配合時，也只能選擇某項能力來提升。

林怡亭（2015）認為教學軟體、硬體等資源應要北部、中部、南部以及東部地區一同共用資源，這代表各校資源不受到公私立、學校排行，一般或技職體系等因素皆可共用，然各校資源共用仍應注意到群體之間的差異，以免揠苗助長，讓學生認為自己跟不上課程，自信心下降，造成更不願意學習英文的窘境。是以各校資源共用時，應根據學習者英文的能力不同，配置不同程度之課程，有效提升學生的英文能力。

二、鼓勵師生申請或參與同儕英文學習社群

張德銳與王淑珍（2010）指出，學習社群是指一群有共同目標與

理想的人一同組織而成具有學習與共同成長之團體，強調彼此之間是一種共同合作的概念，透過團隊之間的對話、探索、討論等方式來提升自我能力。而陳佩英（2009）指出專業學習社群是強調一群有共同之願景、想要一同學習、成長的學習者，透過分享實務案例等方式來提升自我專業能力。然學習社群目前為止並未廣泛推廣並運用於技職學生學習上，而主要關注於教師專業學習社群，是透過教師提升專業能力，來間接提升學生學習成果。

Hsu（2005）研究發現當學習者遇到困難需自行解決時，約有四成的人會選擇詢問同儕，而Fernandez-Rio、Sanz、Fernandez-Cando與Santos（2017）及黃清雲（2004）指出在學習的過程之中，透過同儕之間的鼓勵、互相討論、解說等，能夠更容易達到學習目標。Johnson與Johnson（1993）研究指出，同儕的合作學習要達到最佳化是透過彼此之間的互動，如：互相提供資訊，並從中討論加以分析，並從討論與分析過程中，獲得知識共同成長。

張武昌（2006）指出臺灣學生在英文能力的表現程度不一，有些學習者可能從小就開始學習英文或參與課外補習等，因此英文能力會高於其他學習者，故在學校修習英文課程就產生極大的落差，而英文能力較差的學習者若受到同儕的恥笑，會造成自信心的降低，進而放棄學習英文。這表示學習會受到同儕影響，若同儕之間互相鼓勵、督促學習，亦能提升學習者的學習動機，而提升英文能力，故在學習上應更重視同儕之間的督促與鼓勵。

雖然教師能給予學生更多資訊，但學生在學習遇到問題時，仍更偏好尋求同儕的幫助，互相引導時，會出現碰撞、探討、分析以及討論等來獲得資訊，學習上能有更多的幫助。故讓一群有共同目標想要一起提升英文能力的技職學生一起結伴參與學習社群，會發現有更多人想要一同成長，而彼此之間遇到問題時，可以互相提攜幫助，進而一起提升英文能力。

此外，偏遠技職學校之學子在學習英文的資源遠不如都會地區來得多元，而在聘請教師上也較難聘請到專業類科之英文教師，因此在學習

英文上受到不小的限制。技職體系學生若透過鼓勵參與英文學習社群就有所不同，加上社群媒體不受到空間、時間以及地點等限制，學生可利用社群來學習專業英文，並且能與同儕互相學習，資源並不會因偏遠地區而有所落後，同儕之間可互相鼓勵、約束以及規範等來相互扶持，是以鼓勵技職體系學生申請英文社群，是最能夠提升自主學習英文的方式之一。

三、教學上降低學生的英文焦慮，提升語言自信心

Du（2009）指出個體遇到不精通的外語時，會產生焦慮感，尤其是在使用外語時，會感受到壓力、焦躁等狀況，都可能影響到學習者在學習外語的意願（Yih, Chin, & Ting, 2017）。因此要提升技職體系學生的英文能力，必須要讓學生在非壓力的情況下來學習，當學生對於學習外語感受壓力時，反而會產生焦慮，導致學生不願意學習的狀況發生。所以教師可以藉由一些創新教學策略，例如：遊戲式學習、任務式學習、同儕合作式學習等，避免學生身處於以教師為中心的學習環境。

四、培養技職雙語師資

臺灣推動的雙語教育是指教師將使用英文作為溝通媒介，來講授知識給學習者，需同時兼顧雙方文化，經由教師來建構鷹架，達到學習專業知識與精進學習者的英文溝通能力（鄒文莉，2020）。丁凡芮（2021）指出臺灣目前培育雙語教師的制度上並無統一架構，造成培育雙語教師會出現良莠不齊的現象，且目前現有的雙語教師未必熟知專業領域的英文用詞，因此在準備課程上，難免會無所適從，因此要提升技職學生專業課程的專業英文能力，需先培育技職雙語師資，才能有效解決學生想要學習專業英文卻找不到教師的窘境。

五、辦理學生的英文簡報競賽

　　李美玲與謝佳蓉（2011）指出刻意的創造一個能夠對話的英文環境，並且有明確的內容與情境可供挑選，能讓學習者語言學習更有連貫性。張武昌（2014）指出，學習者在學習英文時，可以搭配情境式學習，更能理解語句的使用時機，而學校可提供英文資源中心、圖書館等地方來創造英文對話環境，以提供學習者練習英文的機會。競賽能夠引發學習者的好勝心，想要能夠取得良好的成績，學校舉辦英文簡報競賽，不僅是提供技職體系學生練習英文的舞台，亦提供和技職相關的明確情境與內容，透過競賽方式讓技職體系學生激起勝負慾望，而不斷地練習精進自我。

　　Burguillo（2010）研究發現，透過競賽方式能夠激發學習者的參與感與克服挑戰之意願，進而提升他們的成績與積極度，而Cheng、Wu、Liao與Chan（2009）發現競賽伴隨而來的挑戰，往往會使得學習者更加專注於比賽的內容，而遇到問題時也會更加興奮地想要去克服並完成挑戰。故舉辦和技職相關的英文簡報競賽，能夠增加技職體系學生想要克服問題、追求卓越的慾望，提升學生專業英文學習的參與度與成績表現。

六、以VR科技建構虛擬外語實習環境

　　「實習工廠」是技職教育所特有的學習空間，其目的是為了讓學生能夠在該空間反覆訓練技能，來提升該技能的熟練度（徐昊杲、張天民與楊佳諭，2008）。而實習工廠有許多專業工具，是最快速能學習該領域專業英文之環境，但若要在實習工廠中學習英文，仍有許多不安全之處，而虛擬實境（Virtual Reality, VR）是運用三度虛環境所建構出的虛擬空間，具備互動性與真實性，可完全模擬出實習工廠的環境，若能使用VR來創造「英文情境實習工廠」，不僅讓技職學生在安全的環境下學習，亦能讓學生學習更多技職專業工具之英文詞彙。

伍、結論

由於在升學過程中，一般體系與技職體系學校的錄取分數差異，造成了多數技職體系學生在基礎上已經落後於一般體系學生。所以在教學過程中，教師的授課內容也無法完全對應一般體系學生的進度，而這也造成了兩個體系學生間英文能力差異情形的逐漸拉大。此外，技職校院學生也常會自嘲自己的學科能力，出現未戰先降的低學習動機的情況。這也導致雙語教育在技職校院推動中，具有許多挑戰。

本文所提出可行之因應策略，以政府、學生以及校方可改善之角度來提供可行之策略，而資源共用在臺灣大學、臺灣師範大學以及臺北科技大學三所學校已經行之有年，如：學生可在三所學校的圖書館互相借閱書籍、學生可在選課時，自由選擇三所學校之課程等，這也大大的提升學生學習的便利性，學習不因學校有所限制，其他學校若想仿效這三所學校的策略，要克服許多困難。

在教師方面，教師為推動雙語教育的重要成員，當教師具備優異的雙語教學能力，才有辦法帶領學生以雙語進行學習。因此，教育部門應強化雙語師資的培育，並鼓勵及獎勵他們進修英文。

此外，學校也可以透過創新教學策略，以較為靈活的方式，來營造以學習者為中心的環境、及英文應用環境，讓學生願意使用英文，藉此降低學生語言學習焦慮，建立自信心。鼓勵學生參與學習社群，是最能有效讓不同地區技職教育學生有向外學習和互相學習的機會。

另外，透過競賽的方式是最能夠激發學生之間的勝負慾望，期盼自己能獲的優良的名次，尤其是同儕之間的互相拚是最能夠引起互相競爭的慾望，而學生在競賽過程中，會更加努力練習，不斷的精進自己的語言表達能力，力求獲得不錯的名次，藉此達到以賽促學，以學促用的目標。最後，由於臺灣使用英文的環境相當受限，因此也可以藉由教育科技的特徵，以VR在內的新興科技來建構沉浸式的專業英文學習環境。

致謝

　　本文獲得北京師範大學教育學一流學科培優項目「推進現代中國特色職業教育現代化發展的理論創新與制度體系研究（項目號：YLXKPY-XS-DW202211）」的經費支持。

參考文獻

丁凡芮（2021）。淺談雙語教育政策下小學師資培育課程之改善建議。**臺灣教育評論月刊**，**10**(7)，93-99。

吳雨桑、林建平（2009）。大學生英文學習環境，學習動機與學習策略的關係之研究。**臺北市立大學學報‧教育類**，**40**(2)，181-221。 http://dx.doi.org/10.6336%2fJUTe%2f2009.40(2)6

李美玲、謝佳蓉（2011）。同儕互動學習對增進英文口語能力之實踐研究。**建國科大社會人文期刊**，**30**(1)，89-109。取自http://dx.doi.org/10.6995%2fJLASSCTU.201101.0089

林怡亭（2015）。提升就業能力，迎接國際化職場專訪教育部技術及職業教育司司長李彥儀。**語言之道**，**4**，2-4。

林肇基、張嘉育（2019）。十二教課綱實施後技術型高中英文教育的挑戰。**教育脈動**，**18**，1-7。

徐昊杲、張天民、楊佳諭（2008）。我國高職學校工業類群教師「實習（驗）場所安全態度」之研究。**工業安全衛生**，**227**，71-80。取自http://dx.doi.org/10.6311%2fISHM.200805_(227).0009

國家發展委員會（2018）。**2030雙語國家政策發展藍圖**。行政院。

張武昌（2006）。臺灣的英語教育：現況與省思。**教育資料與研究雙月刊**，**69**，129-144。

張武昌（2014）。臺灣英文教育的「變」與「不變」：面對挑戰，提升英文力。**中等教育**，**65**(3)，6-17。取自http://dx.doi.org/10.6249/SE.2014.65.3.01

張國保、袁宇熙、林清南、李寶琳（2013）。縮短學用落差—技專學生專業英文文能力之建立。**臺灣教育評論月刊**，**2**(12)，137-143。

張德銳、王淑珍（2010）。教師專業學習社群在教學輔導教師制度中的發展與實踐。**臺北市立大學學報‧教育類**，**41**(1)，61-90。取自http://dx.doi.org/10.6336%2fJUTe%2f2010.41(1)3

教育部（2018）。十二年國民基本教育課程綱要國民中小學暨普通型高級中等學校語文領域－英文。https://www.naer.edu.tw/PageSyllabus?fid=52

陳佩英（2009）。一起學習，一起領導：專業學習社群的建構與實踐。**中等教育**，**60**(3)，68-88。取自http://dx.doi.org/10.6249%2fSE.2009.60.3.05

馮靖惠（2019，1月18日）。學生多益成績　與企業要求落差大。**聯合新聞網**。取自 https://udn.com/news/story/6928/3600022

黃清雲（2004）。新趨勢，新挑戰：情境認知取向之合作學習策略對當前健康與體育學習領域之實踐。**教師之友**，**45**(1)，1-8。http://dx.doi.org/10.7053%2fTF.200402.0001

鄒文莉（2020）。臺灣雙語教育師資培訓。**師友雙月刊**，**622**，30-40。

劉東遠（2008）。技職校院學生的英文能力探究與省思。**臺東大學人文學報**，**1**(2)，223-253。

賴金燕（2005）。**科技大學應用英語系學生選修專業英語ESP課程的需求及對「稱職的專業英語ESP教師」看法之研究**（未出版之碩士論文）。南臺科技大學，臺南市。

Archibald, J., Roy, S., Harmel, S., Jesney, K., Dewey, E., Moisik, S., & Lessard, P. (2006). *A review of the literature on second language learning.* Retrieved from http://education.alberta.ca/media/349348/litreview.pdf.

Burguillo, J. C. (2010). Using game theory and competition-based learning to stimulate student motivation and performance. *Computers & Education*, *55*(2), 566-575. Retrieved from https://doi.org/10.1016/j.compedu.2010.02.018

Cheng, H. N., Wu, W. M., Liao, C. C., & Chan, T. W. (2009). Equal opportunity tactic: Redesigning and applying competition games in classrooms. *Computers & Education*, *53*(3), 866-876. Retrieved from https://doi.org/10.1016/j.compedu.2009.05.006

Du, X. (2009). The affective filter in second language teaching. *Asian Social Science*, *5*(8), 162-165.

Fernandez-Rio, J., Sanz, N., Fernandez-Cando, J., & Santos, L. (2017). Impact of a sustained Cooperative Learning intervention on student motivation. *Physical Education and Sport Pedagogy*, *22*(1), 89-105. Retrieved from https://doi.org/10.1080/17408989.2015.1123238

Handayani, S. (2016). Pentingnya kemampuan berbahasa Inggris sebagai dalam menyongsong ASEAN Community 2015. *Jurnal Profesi Pendidik, 3*(1), 102-106.

Hsu, S. (2005). Help-seeking behaviour of student teachers. *Educational Research, 47*(3), 307-318. Retrieved from https://doi.org/10.1080/00131880500287716

Jaelani, A., & Zabidi, O. W. (2020). Junior high school students' difficulties of English language learning in the speaking and listening section. *ELT Forum: Journal of English Language Teaching, 9*(1), 45-54. Retrieved from https://doi.org/10.15294/elt.v9i1.38287

Jenkins, J. (2014). *Global Englishes: A resource book for students.* Routledge.

Johnson, D. W., & Johnson, R. T. (1993). Cooperative learning and feedback intechnology-based instruction. In J. Dempsey & G. C. Sales (Eds.). *Instruction and feedback* (pp. 30-35). Educational Technology Publications.

Madrid, D., & Julius, S. (2020). Profiles of students in bilingual university degree programs using English as a medium of instruction in Spain. *Profile: Issues in Teachers' Professional Development, 22*(2), 79-94. Retrieved from https://doi.org/10.15446/profile.v22n2.80735

Ridley, D.S., & Walther, B. (2000). *Creating responsible learners.* American Psychology Association.

Seidlhofer, B. (2011), English for a multilingual Europe. In A. De Houwer & A. Wilton (Eds), *English in Europe today: Sociocultural and educational perspectives* (pp. 133-146). John Benjamins.

Tsao, C. H. & Hsu, C. (2010). The English-learning needs of technical university students: A case study of Fooyin University. *Journal of Lan Yang Institute of Technology, 9*, 20-30. Retrieved from http://dx.doi.org/10.6665%2fJLYIT.2010.9.60

Yih, Y. J., Chin, V., & Ting, L. H. (2017). The role of gender in English language learning anxiety among tertiary students. *e-Academia Journal, 6*(2), 14-22.

第十一章

多語政策下，原住民族雙語
教育教學實踐之研究——
國小原住民族教專生觀點

顏佩如

國立臺中教育大學教育學系師資培育暨就業輔導處副教授

壹、緒論

　　根據國家發展委員會「2030雙語國家政策整體推動方案」（2021a）從國際經貿與全球供應鏈角度，希冀藉由雙語教育促進跨國企業投資與對本土雙語專業人才聘用，加速我國企業供應鏈全球布局，以及培育國人具備國際移動競爭力、增進就業機會與薪資所得。教育部配合國家發展委員會「2030雙語國家政策發展藍圖」（2018），以「全面啟動教育體系的雙語活化、培養臺灣走向世界的雙語人才」為目標，強化學生在生活中應用英語的能力及未來的職場競爭力（教育部，2018）。此次雙語教育主要是為提升國家整體競爭力，國家發展委員會以2030年為目標，透過「從需求端全面強化國人英語力」、「以數位科技縮短城鄉資源落差」、「兼顧雙語政策及母語文化發展」、「打造年輕世代的人才競逐優勢」等四項為推動理念，「……在國民教育階段，應以建置各校沉浸雙語學習環境為目標」（國家發展委員會，2018）。2021年設置「雙語國家發展中心」，高中以下教育階段之各項雙語化策略，以不調整108課綱的推動，教育部透過普及提升、弭平差距及重點培育三主軸，在「2030雙語國家政策整體推動方案」揭示高中以下教師及課程以2018學年度推動沉浸式英語教學為既定推展模式（國家發展委員會，2021b）。

　　為配合以上政策執行，我國雙語教育也開始有所調整、改善，針對實施現狀，本研究將以原住民族國民小學雙語教育教學實踐推行現況、發展與實踐的角度切入討論分析。

　　依據「教育部國民及學前教育署補助辦理原住民族語及英語教學作業實施要點」之政策敘述，已補助原住民族進行原住民族語及原住民族地區英語教學分別二種的教學，提供學生學習族語及文化保存之機會，同時促進原住民族學生英語學習效果，補助項目包括：原住民族語教學支援工作人員、專職原住民族語老師、英語、族語教師進修及研習與教材編制費用等（教育部，2020）。根據2018年《原住民族基本法》、《原住民族語言發展法》，我國16族原住民族語言正式成為

國家語言，原住民族文字法制化，原住民族委員會透過族語推廣、傳習、保存與研究等四大面向推動族語（行政院新聞傳播處，2018）。國家發展委員會「2030雙語國家政策發展藍圖」（2018）重點培育項目中，請各直轄市、縣（市）鼓勵所屬高中依《高級中等教育法》、《高級中等學校辦理實驗教育辦法》設置雙語實驗班，課程除英語課採全英語教學，國語文及社會領域採國語文教學外，其他領域採雙語教學，並循序逐年提高雙語教學比率，提升學生英語聽說能力。為保存原住民族語文化，訂定相對應法規保障，同時為提升英語教學效果，我國設置相關實驗班，並鼓勵相關英語教學方式，但在多語學習的教學情況下，教育實施狀況值得深入了解。因此本文將探究推行原住民族國小雙語教育教學實踐的困境與優點，並且由原住民族評估教師專業成長與國小雙語教育能改善的層面。

我國少數族裔原住民族推行族語政策後，又面臨雙語教育政策實施，形成108課綱各領域課程的多語政策教學實踐的窘境。此外，國內外文獻鮮少從原住民族師資觀點看雙語與多語政策教學實踐的議題，本研究的重要性是在於提出有別於都會、主流與強勢文化的多語政策下雙語教學實踐觀點，提供我國推動原住民族雙語教育教學實踐理論與實務的探討。

本研究所指的國家語言為臺灣各固有族群使用之自然語言及臺灣手語（國家語言發展法，2019），國家官方語言指的是中文，本土語言為臺灣閩南語、客語、原住民族語等，雙語教育指的是中文、英語、族語三者中任兩種語言，多語學習主要是指原住民族第一語言族語、第二語言中文、第三語言英語三者。研究範圍僅限於本研究對象之泰雅族、賽德克、阿美族、布農族、太魯閣與部落中的閩客族群等，無法推論至其他族群與地區。

本研究原住民族教專生到各部落教育見習與教育實習經驗後，運用線上Google表單問卷，探究國小原住民族教專生對於原住民族國小雙語教育教學實踐狀況與觀點，根據研究結果，提出我國原住民族國小雙語教育教學實踐的建議。本研究目的有四：

（一）分析原住民族國民小學雙語教育教學實踐現況、發展與實踐。

（二）探究推行原住民族國小雙語教育教學實踐的困境與優點。

（三）呈現原住民族評估教師專業成長與國小雙語教育能改善的層面。

（四）研究原住民族國小雙語教育教學的時機、看法與推廣。

貳、文獻探討

一、我國原住民族族語、本土語、東南亞語文與英語教學形成多語政策的探討

我國原住民族語言強調「族語教學」以維護原住民族自我認同與文化傳承，依據《憲法增修條文》第10條：「國家肯定多元文化，並積極維護發展原住民族語言及文化」，著重在原住民族語言及文化的延續，落實《原住民族基本法》、《原住民族教育法》、《原住民族語言發展法》精神。2019年《十二年國民基本教育課程綱要總綱》，實施原住民族語文教學，學校應依學生需求於「語文領域—本土語文」開設原住民族語文課程至少每週1節課，供學生修習。在幼兒園部分，原住民族委員會2019年起，推動沉浸式族語教學幼兒園計畫，教育部國教署增廣沉浸式族語推動範圍首先納入原住民族重點學校，持續辦理沉浸式族語課程計畫（教育部國教署，2021）。

我國本土語言也納入在十二年國教正式課綱中，2000年教育部將本土語言（臺灣閩南語、客語、原住民族語）納入正式課程，2003年頒布《國民中小學九年一貫課程綱要》，閩南語、客家語、原住民族語等3種本土語言任選1種修習，國中則依學生意願自由選修。因應《國家語言發展法》規定，自111學年度起，應於國民基本教育各階段，將國家語言本土語言列為部定課程，國家語言，指臺灣各固有族群使用之

自然語言及臺灣手語（國家語言發展法，2019），修訂108課綱將本土語言納入十二年國教正式課程中。

我國東南亞國家語言於108課綱成為本土語言課程增加選項，將東南亞七國（越南、印尼、泰國、緬甸、柬埔寨、馬來西亞、菲律賓）的語文課程納入國小語文領域必選修、國中選修、以及高中第二外國語文課程選修，其定位是108課綱中本土語言課程增加了東南亞國家語言選項（教育部國教署，2015），發展新住民語文希望作為臺灣對外發展合作的重要資源。

國家發展委員會、教育部（2020）提出「2030雙語國家政策（110至113年）」與「2030雙語國家政策發展藍圖」，以教育體系的雙語活化、培養臺灣走向世界的雙語人才」為目標，透過加速英語教學活化及生活化、擴增英語人力資源、善用科技普及個別化學習、促進教育體系國際化、鬆綁法規建立彈性機制等五大策略，在於培養學生生活應用英語與未來的職場競爭力（國家發展委員會、教育部，2020）。

在十二年國民基本教育語文領域中，已清楚規劃出原住民族族語、閩南語文、客家語文、閩東語文、臺灣手語、東南亞語文與英語教學之個別政策，全部皆有完善的規劃與藍圖，但是綜整起來，很難看出整體國家多語語言政策應該是如何搭配與運作，同時多語政策也有一些不利的影響：(1)對於少數族裔多元族群的學生也可能剝奪他對於主流語言與本土語言的適應與學習，影響原住民族學生與多元族裔學生本土的適應與主流語言的掌握；(2)多元語言學習政策看似符合多元文化教育的理想，但是也可能產生多語言干擾學習問題，小一原住民新生學童能不能同時精通原住民語、國語、英語與本土語？(3)各項語言政策為求其學習效益多主張浸潤式學習，那原住民浸潤式族語教學如何整合浸潤式雙語的英語教學？(4)族語、英語、本土語等各項語言競逐會不會造成國語學習的干擾與負擔？(5)學科學習的困難和異化與師資多元語言能力問題？(6)多語言政策是否使多族裔與少族族群學生對於主流升學考試語言更加遠離，造成社會階級再製與文化符應現象？這是我國語言政策必須注意的事。

二、原住民族語言定位與雙語教學型態形成多語政策下，雙語教學問題

根據相關原住民族語言法令與多元文化教育觀點，對於原住民族而言，族語是各族群語言教育上的第一語言，根據《原住民族語言發展法》第1條規定，原住民族語言為國家語言，因此鼓勵其運用族語發展各學習領域的教學，並進行雙語英語教學（原住民族語言發展法，2017）。然而，學者卻認為本土化和國際化並行的語言教育政策和規劃，無法確實達成語言多元化和雙語的目標，建議將臺灣原住民族語言視為資源，審視語言政策，包括地位規劃、語型規劃、和習得規劃，以及規劃系統性的原住民族語言教育政策（Tang, 2015），這樣的建議也是將原住民族語設為第一語言，藉由族語來學習英語。然而，我國原住民多為混合文化個體，族語與中文，何者為原住民族的母語與第一語言，在認定上是有爭議，例如：爸爸是原住民、媽媽是漢人，那麼此原住民族第一語言與母語為何？

根據Jim Cummins針對雙語教育提出「發展交互依賴理論」（development interdependence theory），主張第二語言的學習需依賴第一語言的發展；「臨界點理論」（thresholds theory），認為兒童必須獲得原生語言和第二語言的平衡發展，才能有助於兩種語言的精進；「共同精通模式」（common underlying proficiency model）概念，說明由第一語言習得的讀寫能力會促進第二語言在讀寫能力的獲得（呂美慧，2012）。如此說來，以母語學習英語可運用添加式雙語教學（張學謙，2016；Allard & Landry, 1992），但僅限於母語與第二語言學習，尚不包括第三語言學習。

我國現今常用的英語的雙語教學法，包括：「內容本位語言教學」（Content Based Instruction，簡稱CBI）、「學科內容與語言整合教學」（Content and Language Integrated Learning，簡稱CLIL）、「沉浸式」（Immersion）、「全英語授課」（English as a Medium of Instruction, EMI）（廖偉民，2020；LTTC財團法人語言訓練測驗中心，

2021：Ikeda, 2012），起源於國際接軌需求的雙語教學與新移民子女適應移民國語言的教學形式與目的，多是英語與第一語言的教學，較缺乏對於多語教學規劃與策略，請見表11-1比較分析：

表11-1

「內容本位語言教學」（CBI）、「學科內容與語言整合教學」（CLIL）、「沉浸式」（Immersion）、「全英語授課」（EMI）之比較表

雙語教學法	內容本位語言教學（CBI）	學科內容與語言整合教學（CLIL）	沉浸式（Immersion）	全英語授課（EMI）
語言／學科重視度	較重視語言	←	→	較重視學科
起源	1970年代英語系國家幫助移民子女融入當地教育	David Marsh1994年提出	1960年代加拿大魁北克推行英語與法語並行的雙語教育	EMI隨著1990後期歐洲的高等教育紛紛推出英語授課
學習目標	語言	語言＋學科	語言	學科
授課教師	語言老師	語言或學科老師	學科老師	學科老師
課堂內容	主題性題材	配合課綱的主題	學科	學科
評量標準	語言	語言＋學科	學科	學科
特色	學習成果是語言	CLIL是內容及語言並重的雙重目標教學模式	以增加接觸外語的頻率為目的，不著重學生母語	焦點在學科專業知識
英語／母語分配	全英語教學	英語與母語教學	分為100%或50%外語沉浸	全英語教學
學習者背景	非英語系之原生母國	無限定	原生母國英語系者學習法語	高等教育之多國國際學生

資料來源：研究者整理自Ikeda, M.（2012）、LTTC財團法人語言訓練測驗中心（2021）。

　　1.「內容本位語言教學」（CBI）：運用第二語言英語來上知識學科（content areas），學科作為第二語言英語語言學習的內容，英語為教學工具用語。

2.「學科內容與語言整合教學」（CLIL）以英語爲工具來學習學科科目，CLIL課程模式透過4C框架，即內容（content）、交際（communication）、認知（cognition）和文化（culture），將學科內容與語言進行融合。

3.「沉浸式」（Immersion）是指學生至少要有50%的時間用第二語言來學習其他學科，依照外語教學的比例，又可以分成「完全」（100%）或「部分」（50%）沉浸。

4.「全英語授課」（EMI），提供學習情境讓學生使用英語進行學習，以學習學科知識爲優先。

運用原住民族族語學習英語仍存在母語的定義、相關師資培育、實際教學的可行性等問題（夏雯宜，2020），顯示運用族語母語學習第二語言的美語在幼兒園是可行，但同時也衍伸出族語教師應具備英語與英語教學專業知能的問題，然而，中、小學族語教師資格，基本上是一種寬鬆形式認證（熊同鑫、宋佳興、陳振勛，2010）。因此在原住民族雙語教學上，仍有許多問題待解決。

三、多語學習理論與族語、中文、英語等多語學習相關探討

歐洲委員會歐洲現代語言中心提出多語學習之「多種語言和文化架構」（A Framework of Reference for Pluralistic Approaches to Languages and Cultures），例如：綜合語言教學法、語言覺醒（éveil aux langues）或相互理解教學法，在促進多語言教學以及處理學校語言和文化多樣性的問題（Morkötter, Schmidt, & Schröder-Sura, 2020）。近30年來，語文教學的發展出現了四種多元方法：(1)喚醒語言、(2)母語之間的相互理解、(3)跨文化方法、(4)綜合語言教學法，促進多元語言能力的發展、豐富多語種教學法和協助跨文化學習，這些教學法不會取代現有的語言學習，而是透過幫助學習者與他已經知道或掌握的東西建立聯繫（Candelier, Daryai-Hansen, & Schröder-Sura, 2012）。

　　就以我國原住民族語言學習而言，族語是其母語、第一語言、國家官方語言；中文是其第二語言或第一語言、官方語言；英文則是原住民第三語言，因此我們從多語學習觀點來探討。多元語言間會產生語言正負遷移、干擾效應，如果母語的語言規則和外語是一致的，第一語言母語的規則遷移會對第二語言目標語有積極的影響，這被稱為正遷移（positive transfer）；負遷移（negative transfer）是指如果第一語言母語的語言規則不符合第二語言外語的習慣，則對第二語言外語學習產生消極影響，對於第二語言學習帶來困難（孫緒華，2007；Ausubel，1968）。

　　就語言遷移理論對多語學習者英語習得的影響，發現多語學習者的第一語言中文、第二語言日語、第三語言英語的中國外文系大學生，在語音、詞彙、語篇等方面對英語學習產生負遷移，日語語法遷移在英語語法表現卻不是很明顯，也發現第二語言日語重視的「非語言交際」部分也與第三語言英語截然不同，研究結果提出第二語言學習並非鷹架在第一語言學習、第三語言學習並非鷹架在第二語言或第一語言學習上，研究建議須擴大第三語言英語的學習機會與語言曝光程度，擴大語言學習時間、加強大量閱讀與發展有效且適合自己的學習方法（孫緒華，2007）。

參、研究方法與設計

一、研究方法與研究流程

　　本研究方法採取個案研究，採質性半結構式訪談與Google質性線上問卷調查為主，立意取樣我國某教育大學之教師專業學程中的原住民族師資公費專班。研究流程包括：發現問題、文獻蒐集與分析、質性訪談、Google質性線上問卷調查、半結構式訪談與課堂討論、結果討論與分析、提出理論與實務建議。

二、研究參與者、場域與研究者

　　研究參與者與研究場域爲我國某教育大學之教師專業學程中的原住民族師資公費專班27位原住民族教專生，該碩士專班原住民族教專生，規劃分發偏鄉或部落有27位，分別爲泰雅族8位、賽德克族9位、阿美族5位、布農族4位、太魯閣1位等。本研究另取6人爲偏鄉閩客族群教專生（與原住民族師資同班且到過部落），本研究將偏鄉閩客族群教專生語料作爲對照組對比分析。研究者爲任教國中6年、教育大學17年從事少數族裔研究、課程與教學專長之教育學程副教授。

三、研究工具、研究效度、資料分析處理

　　本研究工具採經研究團隊、原住民教專生檢核後審核後自編之「原住民族教專生對於原住民族國小雙語教育教學實踐觀點」Google表單問卷。研究效度除三角檢證外，採取將研究結果語料與被訪談者確認與討論以提高效度與信實度。資料分析處理採取質性資料編碼轉譯與資料飽和作爲依據，填答人數與有效問卷達33位。資料飽和主要是依據本研究所有質性問卷、訪談與課堂訪談結果一直重複相似的答案與語料，則視爲飽和，不再重複詢問。質性資料分析採取編碼與轉譯，採取初步編碼與進階編碼，初步編碼以本研究目的劃分下大層面分類；進階編碼則以相似主題（例如：雙語浸潤環境等）作爲進階編碼主題，相似進階編碼主題放在一起，交叉分析後，撰寫每個層面的主要論述。本研究皆爲2021年11月16日請研究參與者填表，完成問卷調查爲2021年11月9日，因此編碼簡化爲「質性語料種類─族群─編號」，省略日期，例如：「問泰1.5-7」；然而訪談則爲不同日期完成，質性語料編號系統爲「質性語料種類─族群─編號／日期」，例如：「訪泰1.5-7/日期」指的是研究參與者訪談─泰雅族─第一位及第五到第七位，後面是訪談日期；偏鄉閩客族群教專生之族群類別，統稱爲本土族群，因此標示爲「本」。

四、研究倫理

本研究參考理論與文獻，並經由研究團隊、原住民教專生檢核後，發展Google表單問卷，選取我國某教育大學原住民師資專班教專生，在個案教育大學師培過程中，多在部落教育見習與教育短期實習與教學，原住民師資專班教專生協助從各族部落實地了解後，線上填答。

肆、結果與討論

一、原住民族國民小學雙語教育教學實踐推行現況、發展與實踐

（一）原住民族雙語教育教學實踐推行現況

1. 現在雙語教學主流是中文與母語族語教學

在中文語言的課程中增加族語的使用比例，讓中文與族語的比重趨近一致（問泰2、訪泰3/20211116），定期評量學生的學習狀況，在教學上做調整（問布1）。這是受到2018年《原住民族基本法》、2017年《原住民族語言發展法》，將原住民族語言正式成為國家語言，原住民族文字法制化（行政院新聞傳播處，2018），形成的原始原住民雙語界定的意識。

2. 雙語教育英語與族語的推行是有衝突的，兩者權重難以衡量

原住民教專生認為雙語的推行會造成族語學習的衝突，應擴大族語教學為（問賽6）。本來原住民族學校的孩子一般課程進度都有所延宕問本4、訪泰2-4/20211116），雙語政策嚴重影響原住民族語學習的時間與空間（問布1、訪泰1-2）。同時進行族語教學與英語教學上可能會造成混淆，對於兩者權重難以衡量（問泰1.5-7；問賽1；問阿3；問本

1-2.4.6-7、訪賽1-3/20211116）。然而，偏鄉閩客族群教專生卻認為，可以設計原住民教育融入英語的課程，能讓學生透過英語融入原民生在地生活（問本7）。

3. 國小原住民族英語與族語的雙語教學受限於學童家庭文化資本與學童父母價值觀

從原住民族教專生訪談語料發現，原住民族學童對於英語教學是有興趣的（問泰1），但是應為學童的父母本身的教育程度不足，導致學童們的價值觀與文化資本備受侷限（問泰8、訪賽2-3/20211116），已有少數幼兒園有沉浸式族語教學，然而國小沒有沉浸式族語教學（問賽4）。

4. 現行僅於英語課程使用英語介紹原住民族語言與文化之雙語教學模式

目前原民地區多在英語課程實行中文及英語的雙語教學，其他課程則無實行（問泰2.7），國小課程多運用英語介紹原住民族語言與文化的一種文化回應式教學（問太1）。偏鄉閩客族群教專生卻比較樂觀看待原住民族的多語學習，認為英語與原住民族語言同時運用於課程，可以兼顧雙方語言的學習，也讓原住民族語言被傳承和運用（問本1）。

5. 原鄉部落學童缺乏文化刺激、外師或國際交流機會

部落學童普遍缺乏文化刺激，缺少外師或國際交流機會（問泰1.3.8；問賽5；問阿4；問本9、訪太1/20211116）。

6. 原鄉部落學校雙語師資與教師專業知能不足，缺乏對於雙語教育的掌握與理解

原鄉部落師資多缺乏雙語課程與教學的能力（問阿4；問布3；問本8），原住民族偏鄉學校師資不足，且老師專業知能不足，缺乏英語或族語專業能力，對於雙語教育政策之重點內涵、課程、師資相關措施不甚了解，亦無充分的準備，導致雙語課程政策實施窒礙難行（問泰4.6-7；問賽2-4；問阿3-4；問布1；問太1；問本4.9）。

7. 原鄉部落學童缺乏雙語浸潤環境、學習英語動機低落、程度落差大

偏鄉部落學生對於學習英語動機低落，認為英語跟他們的生活沒有關係，同時也缺乏雙語使用的環境（問泰5-6；問本3.6），學生雙語程度落差大，導致課程程度參差不齊，成效因校而異（問阿1-2；問布2-3；問本3.9；訪泰1-3/20211116）。

（二）原住民族雙語教育推行發展與實踐

1. 雙語教育應結合學生生活經驗、當地文化發展雙語課程

雙語教育推行應結合學生生活經驗、當地文化設計雙語課程（問泰1-2；問賽3.6），教師觀察學生背景和環境，並與社區、家長共同合作，加入族語學習行列（問賽4；問布1；問本6）。

2. 學校應成立教師專業社群，同時運用線上平台

所有老師（包含主任、校長）共備課，並開設學校教師專業社群，同時運用線上平台讓老師更清楚如何實踐，共同提升英語基本會話能力、專業知能及各領域結合之能力（問泰3-5.7；問賽5；問布3；問太1；問本4.8）。

3. 短期運用與外籍教師的協同教學，解決雙語教師專業問題

讓短期專業的英語教師或外籍專業師資入班與中師協同教學，或是透過網際網路直接參與國外學校課程，學習英語，增加學生國際交流機會（問泰4-5.7-8；問賽2；問阿3-4；問布2；問本3.10、訪泰1-4/20211116）。

4. 應運用多元與遊戲的教學法提升學生學習英語的動機

原住民學生活潑、可塑性強，且熱愛以音樂等律動來學習英語（問泰5-5），教師可以結合遊戲、影片、歌曲或是科技等多樣性活動來讓學生喜愛英文，讓學生學習無負擔（問泰6.8；問賽1.4；問阿1；問本3.5）。有些原住民部落受基督教及天主教文化影響較深，或仍有神

父或牧師在地駐紮，在英語或其他外語的學習上，可以從此方面切入（問本3）。

5. 採浸潤式與雙語日常生活情境提升學生英語與族語的能力

在課堂中教學者運用課室語言，奠定日常用語能力，再使學生先從日常生活中的指令學習單字與句型，逐步協助學生學習英語。（12）（問泰7-8；問賽6；問阿2.4；問布1.3；問本1-2.7-9），把握孩童的語言學習黃金期，策劃雙語教育的加入時機以及雙語的使用量（問布4；問本4），營造日常英語會話環境，並透過非正式課程與潛在課程時間，增加校園情境布置，雙語標語設置，語言學習走廊等就建置政策，落實沉浸式雙語政策，以增加學生運用英文的機會（問泰6-8；問賽4；問太1.6）。透過族語和英語課程節數的增加，讓學生有更多正式課程時間學習雙語（問泰7；問本7）。

二、推行原住民族國小雙語教育的困境與優點

（一）推行原住民族國小雙語教育的困境

1. 數位落差與教學資源、文化刺激不足，缺乏雙語使用環境

即便是現在的網際網路發達，仍有一些山區在收訊上是較弱的，教學資源與文化刺激不足（問本4-6），缺乏學習、使用英語的環境（問泰6-7；問賽5；問阿2-3；問布3；問本3.10、訪泰1-4/20211119）。

2. 缺乏雙語專業師資，教師雙語教育專業不足

同時部分教師對於英語跨領域教學也較無熱誠，需要學校老師共同努力（問泰1.3.5-7；問賽1.4；問阿2-3；問布1.3；問太1；問本1.3-4.8）。

3. 學生雙語學習動機低落、英語程度不高

學生雙語學習動機低落（問泰1.6；問布2），原鄉原民英語程度

不高，故實行雙語教學可能較難推動（問泰2.6；問阿1；問布1；問本4.9）。

4. 多語言（英語、族語、中文等）學習易造成學習干擾，造成族語發展困難

多語言（英語、族語、中文等）教學與學習很容易造成學童學習干擾（問泰2.4.7；問賽2-3.6；問阿3；問布1；問太1；問本1-4.9），族語的根基都沒有穩固，就推動雙語，會造成族語發展與傳承更加困難（問布4；問本5、訪賽1-3/20211116）。

5. 增加教師和學生的學習負擔與上課時間不足問題

雖然增加雙語授課節數有助於學生提升雙語能力，但同時也會使其他學科面臨結束縮減的危機，也容易造成教師和學生的學習負擔增加（問泰7；問賽4；問布1）。

6. 雙語英語教學內容不一定可以與族語相對應，各原住民族自決下，對於雙語教學觀點有異

英語上課的內容不一定能以族語對應（問賽4；問阿4；問本7、訪泰1-5/20211116），原住民部落具有獨特的文化，在雙語教育上也具有不同的觀點（問本10）。

（二）推行原住民族國小雙語教育的困境與優點

1. 雙語教育可拓展學生國際觀、增加社會競爭力

雙語教學可以接觸多元文化，拓展學生國際觀，並建立自信，增加社會競爭力（問泰1.3.7-8；問賽1；問阿4；問本2.6.9、訪泰1-5/20211109）。

2. 族語或英語雙語能力可以行銷原住民族文化與具備多元語言能力

促進學生的語言刺激，同時藉由雙語能力行銷自身文化，以延續

族語傳承（問泰2.7；問賽1-2.4.6；問阿3；問本4.8），若部落推廣觀光，多語使用是一個很好溝通的工具（問賽1；問本3），使原住民族學童儲備多元語言能力，培養語言學習能力及對語言的敏銳度（問泰8；問阿2.4；問布1-4；問太1；問本9）。掌握學習語言黃金期，讓學生能盡早學習語言，活絡大腦認知（問泰7-8；問阿1；問布1），可以提升學生對羅馬拼音發音的認讀，同時增加外語優勢（問泰8/；問賽3；問布4；問本1.3）。

3. 增加學校特色，同時提升學生英語能力

學校推行雙語教育，幫助家庭無族語環境的學生學習族語及英語，同時配合校園環境布置，提升多元語言的環境教育，並適切融入在地生活（問賽4；問布3；問本7），可以增加學校特色，同時提升學生英語能力（問泰4；問賽5）。

4. 落實雙語教育可以銜接國中英語教育

可以使學生到國高中後，銜接上沒有落差，同時提升學生基本能力，讓學生未來能多一些升學道路選擇（問泰6；問本9）。

三、原住民族評估教師專業成長與國小雙語教育能改善的層面

（一）原住民族評估國小雙語教育學校、教師專業成長

1. 教師可以透過雙語教育增能研習，增加專業知能與文化回應的能力

學校教師可以透過教材教法與課程設計，共備課、加入教師專業社群等，提升自身的專業知能（問泰1.3.6-8；問賽2-4；問阿2-4；問布3-4；問太1；問本2-4.6-7），提升雙語使用及文化回應的能力（問泰1-2.4；問阿1；問布1.3.4；問本1）。

2. 學校與教師學童有機會增進國際理解、提升國際觀，增加國際能見度

學生可以學習英文，並把自己的文化用英文帶給世界看更多的人，更培養自我認同感（問泰4.6-7；問本1.3-6.10；問賽1），可以讓學校的特色充分展現出來，進而變成明星學校（問泰6；問阿4；問本3）。

3. 藉由雙語教育政策改善學校語言設備資源與家庭語言浸潤度

提升教材硬體設備，彌補家庭可能在雙語方面教育的不足（問泰8；問本6），舉辦多元英語活動，學生增加學習動機（問賽5；問本8）。

4. 雙語教學推行雙語教學會增加師生學習負擔

學校整體課程須調整，因為原民學童已有基本學科要教學，也有族語能力的培養，無法同時消化這麼多，需要時間去規劃以及思考，因此雙語不適合在原民小學推行（問賽6；問阿2、訪泰1-6/20211109），社會勢必會變遷，學校要教的東西必須隨著社會有所調整，整合發展新知識、新課程，使學生學習多元語言專長（問布4；問本6）。

（二）原住民族評估國小雙語教育能改善的層面與無法改變的困境

1. 原住民語有些語境、語音系統與語法無法轉化為英語

原住民語有些語境沒辦法轉化在不同語言上（問賽1），無法整合族語、英語兩套語音系統與語法的異同（問泰7）。現階段要讓家庭中說英語仍有困難，資源不足，也難以讓原生家庭說族語（問泰7；問阿2-3；問本3.8-9）。

2. 仍需族語與英語語言人才支援網與英語族語教材建構

族語與英語語言人才支援網建構（問泰8），有系統地傳承族語，同時也須編好族語教材，系統化雙語教材（問賽4）。

3. 雙語教育有機會增加學童國際觀、升學率與就業機會

雙語教育可以增進學生的國際觀，提升學生就業機會，改善家庭經濟困境（問泰1.4-6.8；問賽2；問阿4；問布4；問本2-4.7.9-10），可以提升學生英語能力，更改善入學率及各學科品質與效率（問泰1.6-8）。

4. 雙語教育推動必須使全體師生對族語產生重視與共識

必須讓全體師生對族語產生重視與共識（問賽4），改善族語使用的困境，並增加學校族語上課時間，以提升族語的基本能力（問泰2；問賽4；問太1；問本1），雙語政策除了加重學生與教師壓力，更限縮了族語的發展空間；教育上最基本的工作是先保存、提高母語的能力，然後才談其他語言的教育（問賽3；問本6）。透過學校和社區合作，舉辦雙語活動，讓學生了解英語背後的文化，同時改善學生對英語的學習動機（問泰3.5.7；問賽5；問阿1；問布1；問本1）。透過雙語教育之推動，透過教育理念的擬定，而凝聚全體師生的向心力（問泰7-8）。

5. 推行雙語教育能讓家庭省去課後補習雙語的費用，增加教師與家長第二語言專長

雙語教育推動可以節省家中補習開支，提供家中無雙語環境的學生學習族語，讓族語更能融入生活經驗中（問泰7；問賽4；問布1；問本1.5），透過雙語教學課程共備、教師雙語專業知能研習，培養教師甚至是家長的第二專長（問泰7；問布1），提升全國英語能力（問布2；問布3）。

6. 三語教學（族語、英語、國語）造成原住民族學童學習負荷量大

在部落中更多的是三語教學（族語、英語、國語），導致學生負荷過大（問賽2；問布3-4、訪泰1-6/20211109）。

四、原住民族國小雙語教育教學的時機、看法與推廣

（一）原住民族國小雙語教育教學的時機

1. 雙語英語的推行，需視族語與中文理解能力兼具下實施

推行浸潤式族語教學為重，因此難以具體決斷使用英語的時機（問阿2），也必須考量到中文學習的比例，避免在中文理解能力的流失。（問布1）。

2. 學科雙語教學使用應重視「學科內容」且須適時留白

留些時間讓師生在雙語學習外，有時間探究學科內容學習並對話，避免偏重語言而輕學科學習這樣的本末倒置（問布1、訪泰5-6/20211116）。

3. 多運用非正式課程與非正式管道學習多元語言

例如：將原住民傳統歌曲翻譯成英語、或將英語流行歌曲翻譯成原住民語，並練唱傳唱（問本3），進教室、問候、班規定訂等，簡易英語生活用語隨時都可以使用（問泰1-5.7-8；問賽2.4.6；問阿1；問布1.3-4；問本1-5.9-10）。早自修可以讀英語繪本、下課去英語角練習英語、午餐時間播訪英與廣播等非正式課程時機，同時讓族語也同步出現，讓英語和族語隨時充斥在學生生活中（問泰5-7；問賽6；問布2.4；問本2.6.10）部落、文物導覽或農事活動等校外活動時機（問賽1），學校英語課堂之教學用語標示（問賽3；問阿3-4；問布4；問本2），牆壁、階梯布置雙語字條，以達到環境教育的目標（問賽5；問本3）。

4. 雙語教學使用的時機要避開學生在學習新母語的時間

雙語教育要避免產生語言干擾或是負面影響（問本6），第三學期後便可以開始雙語教育教學（問賽2），並嘗試在其他學科加入簡單英語教學（問太1；問本4.7-8），族語的雙語教學優先於英語的雙語教學，等族語的學習到一定程度，就可增加英語的雙語教學，避免學習干

涉（問泰2.7；問布1.4；問本1.5.7.9）。在雙語學習上，學生應該先鞏固原有的族語，再學習其他語言（問泰6-7；問賽6；問阿2-3；問布2；問太1；問本2-3、訪泰1-6/20211116）。

（二）原住民族國小雙語教育教學的看法與推廣

1. 雙語教育推廣可以結合手作、任務教學、職業探索等

雙語教育結合STEAM教材動手作課程（問阿3），融入英語任務，以製造機會讓學生明白英語的重要性，同時引起學習興趣（問布1），在職業探索上，也可以融入雙語教育（問本1）。

2. 雙語教育應該視區域與族群差異而有不同的雙語教育推展策略

雙語教育應該要有地區的差異，要視族群文化或語言能力，給予不同的雙語推展策略（問泰3），目前已有原住民實驗小學已經發展雙語課程，也期待其成效和成果（問泰1），須避免領域學科時間排擠效應（問泰7）。

3. 建構雙語教材資源網、增加學童國際交流機會、建置國際的校本位課程

增加孩子們參觀國際機場或是其他國際協會之類的國際交流經驗，讓學童們有機會學以致用（問泰3），減少城鄉間的差距及刻板印象（問阿1）。英語作為國際化語言，若能結合原住民族特色，將能發展兼具本土及國際的校本位課程（問泰8；問阿4），推廣至民族文化課程、族語課（問泰1.5；問太1）。

4. 可運用課後輔導、安親班、夏日樂學班的課外體制與社教機構推廣雙語教育

現階段雙語教育很難實施，同時又應讓每個學生在雙語政策內，其具體實施方式需要各界努力（問本4），雖以資訊結合雙語的學習，

但是對於非常偏鄉的小學，可能在實施方面是困難的（問本6），課後輔導、安親班、夏日樂學班可以推廣雙語教學，加深學生語言敏感度（問賽5；問本2）。

5. 雙語推動需具體策略與配套措施，並事先評估學校環境與學童負擔

雙語教育應該要有更具體的對策與方式，有助於指導教師該怎麼做，並結合全校所有老師共同營造英語環境，也不斷增進老師們的專業知能（問泰2.4.7；問賽1-2；問布3-4；問本4.8），評估學校、教師、家長是否能推行，孩子可能會因學太多語言，沒辦法消化，以至於不想學習，因此應廣納各界專家的意見，滾動修正政策，以學生學習利益和學習自主選擇為主（問賽6；問阿4；問布1.3；問本6、訪泰2-6/20211109）。

伍、結論與建議

1. 原住民族國民小學雙語教育現況

主要為中文與族語教學，英語、中文、族語三語教學權重不明；建議需先釐清與界定原住民族的三語教學應如何進行。

2. 原住民族雙語教育教學實踐

應結合原住民族文化、資訊平台與多元方式發展雙語課程；建議運用多元與遊戲的教學法提升學生學習英語的動機，採浸潤式與雙語日常生活情境提升學生英語與族語的能力。

3. 推行原住民族國小雙語教育的困境

在於數位落差與教學資源、文化刺激不足、缺乏雙語專業師資、教師雙語教育專業不足、多語言（英語、族語、中文等）學習干擾、無法與族語相對應等問題；建議提供同步與非同步教學資源，提供常態性的「多語言課程設計與教學」之教師在職進修。

4. 推行原住民族國小雙語教育的優點

在於可拓展學生國際觀、增加社會競爭力、行銷原住民族文化與具備多元語言能力、銜接國中英語教育，讓家庭省去課後補習雙語的費用，增加教師與家長第二語言專長；建議應顧及學童與家長的意願與學童學習能力負擔，提供差異化教學之多元雙語學習班別提供學童學習選擇。

5. 原住民族評估國小雙語教育困境

在於原住民語語境、語音系統與語法無法轉化為英語，仍需族語與英語語言人才支援網與英語族語教材建構，三語教學（族語、英語、國語）造成原住民族學童學習負荷量大，必須使全體師生對族語產生重視與共識；建議委由現行原住民教育機構協助開發族語、中文、英語三語教學語教材與建置數位教學資源平台。

6. 原住民評估族國小雙語教育優點

在於增加國際能見度學校、增進教師專業成長與學童國際理解、提升國際觀、改善學校語言設備資源與家庭語言浸潤度；建議須運用融合式或是運用非正式課程與活動學習雙語，以減輕師生學習負擔、調整學校整體課程。

7. 原住民族國小雙語教育教學時機

需視族語與中文理解能力兼具下實施；建議提出學術界須提供有效的三語的教學模式或是雙語配合模式（族語─英語／中文英語），考量族語、中文與「學科內容」學習，多運用非正式課程與非正式管道學習多元語言，雙語教學使用的時機要避開學生在學習新母語的時間。

8. 原住民族國小雙語教育教學推廣可以運用多元教學方式

例如：結合手作、任務教學、職業探索等，視區域與族群差異而有不同的雙語教育推展策略，建構雙語教材資源網、增加學童國際交流機會、建置國際的校本位課程，可運用課後輔導、安親班、夏日樂學班的課外體制與社教機構推廣雙語教育，雙語推動需具體策略與配套措施，並事先評估學校環境與學童負擔。

致謝 ─────────────────────────────────

　　感謝臺灣教育評論月刊主編、審查委員與編輯全體同仁的指導與指正、中教大教專班的協助調查以及所有協助此研究的教育先進與同仁，希望此篇研究對於教育有所助益！

參考文獻

LTTC財團法人語言訓練測驗中心（2021）。CLIL和EMI、Immersion、Content-Based Instruction有什麼不同？**LTTC財團法人語言訓練測驗中心**。取自https://lttc-li.tw/clil101_003/

行政院新聞傳播處（2018）。**重要政策：落實《原住民族語言發展法》－推動原住民族語言復振**（民國107年11月02日）。取自https://www.ey.gov.tw/Page/5A8A0CB5B41DA11E/837f18e3-5016-42fd-a276-8b469253744f

呂美慧（2012）。雙語教育（bilingual education）。**教育大辭書**。取自https://terms.naer.edu.tw/detail/1453900/

原住民族基本法（2018）。取自https://law.moj.gov.tw/LawClass/LawAll.aspx?PCode=D0130003

原住民族語言發展法（2017）。取自https://law.moj.gov.tw/LawClass/LawAll.aspx?pcode=D0130037

夏雯宣（2020）。**雙語（族語、美語）幼兒園在原鄉地區的可行性**。國立臺北教育大學社會與區域發展學系碩士班碩士論文，臺北市。取自https://hdl.handle.net/11296/vubr5s

孫緒華（2007）。語言遷移理論對多語學習者英語習得的影響。**US-China Law Review**，**4**(5)，34-39。

國家發展委員會（2018）。**2030雙語國家政策發展藍圖**。行政院。

國家發展委員會（2021a）。**2030雙語國家政策整體推動方案**。取自https://ws.ndc.gov.tw/Download.ashx？u=LzAwMS9hZG1pbmlzdHJhdG9yLzEwL3JlbGZpbGUvMC8xNDUzMi9mOWQxNDRjYi0zYzQwLTQ3NTQtYTA5Mi1kYjM1MGM2MmY2ZjUucGRm&n=MjAzMOMbmeiqnuWci%2bWutuaUv%2betli5wZGY%3d&icon=..pdf

國家發展委員會（2021b）。**國家發展委員會新聞稿：行政院院會通過「雙語國家發展中心設置條例」草案**（**110年9月2日**）。取自https://ws.ndc.gov.tw/Download.ashx？u=LzAwMS9hZG1pbmlzdHJhdG9yLzEwL3JlbGZpbGUvMC8xNDUzMi85M2QwODNjZi0zMTVmLTRlMmUtODdlZi0zZjdmMWY2NTFkN2YucGRm&n=MTEwMDkwMuaWsOiBnueovy5wZGY%3d&icon=..pdf

國家發展委員會、教育部（2020）。**2030雙語國家政策（110至113年）前瞻基礎建設－人才培育促進就業建設（2020年8月）**。取自https:/www.ey.gov.tw

國家語言發展法（2019）。取自https://law.moj.gov.tw/LawClass/LawAll.aspx？pcode=H0170143

張學謙（2016）。走向添加式雙語主義：強化家庭與學校的母語教育。**臺灣教育評論月刊**，**5**(9)，1-09。

教育部（2018，12月6日）。全面啟動教育體系的雙語活化、培養臺灣走向世界的雙語人才。**教育部即時新聞**。取自https://www.edu.tw/News_Content.aspx？n=9E7AC85F1954DDA8&s=B7D34EA3ED606429

教育部（2020）。**教育部國民及學前教育署補助辦理原住民族語及英語教學作業實施要點（臺教國署原字第1090062525B號令）**。取自https://edu.law.moe.gov.tw/LawContent.aspx？id=FL026567

教育部國教署（2015）。各級學校本土語文將增加東南亞語課程選項，讓學生有更多方式了解東南亞文化。**教育部國教署即時新聞**。取自https://www.edu.tw/News_Content.aspx？n=9E7AC85F1954DDA8&s=A776960664EFC953

教育部國教署（2021）。國中小沉浸式族語課程　落實原住民族語扎根。**教育部國教署即時新聞**。取自https://www.k12ea.gov.tw/Tw/News/K12eaNewsDetail？filter=9F92BBB7-0251-4CB7-BF06-82385FD996A0&id=1df99763-a47f-4c2b-a814-e9206bc30b36

廖偉民（2020）。2020年臺灣公立國小推展雙語教育之探討。**臺灣教育評論月刊**，**9**(9)，90-96。

熊同鑫、宋佳興、陳振勛（2010）。臺灣原住民族語言師資養成之探討。**臺灣原住民族研究**，**3**(3)，91-121。doi: .29910/TJIS.201009.0004

Allard, R., & Landry, R. (1992). Ethnolinguistic vitality beliefs and language maintenance and loss. In Fase, W., Jaespaert, K., & Kroon, S. (Eds.). *Maintenance and loss of minority languages* (pp.171-195). Amsterdam, NL: Benjamins.

Ausubel, D. P. (1968). *Educational Psychology: A Cognitive View*. New York: Holt, Rinehart and Winston.

Candelier, M., Daryai-Hansen, P., & Schröder-Sura, A. (2012). The Framework of Reference for Pluralistic Approaches to Languages and Cultures: A Complement to the CEFR to Develop Plurilingual and Intercultural Competence. *Innovation in Language Learning and Teaching*, 243-257. Retrieved from https://doi.org/10.1080/17501229.2012.725252

Ikeda, M. (2012). CLIL no genri to shidouhou Principles and methodologies of CLIL. In Watanabe, Y., Ikeda, M., & Izumi, S. (Eds.), *CLIL (Content and Language Integrated Learning)- New Challenges in Foreign Language* (pp. 1-15).

Morkötter, S., Schmidt, K., & Schröder-Sura, A. (2020).*Sprachenübergreifendes Lernen: Lebensweltliche und schulische Mehrsprachigkeit*（跨語言學習：日常生活和學校中的多種語言）. Narr Francke Attempto Verlag.

Tang, A. A. Y. (2015). Indigenous Language Policy and Planning in Taiwan：Troku Seediq as an Example. *Taiwan Journal of Indigenous Studies*, *8*(3), 91-119.

國家圖書館出版品預行編目資料

雙語教育的國際比較與政策省思／謝金枝、陳
純音，林慶隆，田耐青，宋明君，宋安凡，
湯堯，鄭文文，黃政傑，林偉人，陳姿吟，
賴宥宇，陳延興，吳百玲，張國保，葉建
宏，葉貞妮，顏佩如合著；方志華，葉興
華主編. -- 初版. -- 臺北市：五南圖書出
版股份有限公司, 2023.05
面 ； 公分
臺灣教育評論學會策劃2022年度專書
ISBN 978-626-366-009-0(平裝)

1.CST: 雙語教育 2.CST: 比較教育
3.CST: 文集

520.7   112004895

1IOU

雙語教育的國際比較與政策省思

策　　劃 ― 黃政傑

主　　編 ― 方志華、葉興華

作　　者 ― 謝金枝、陳純音、林慶隆、田耐青、宋明君

宋安凡、湯　堯、鄭文文、黃政傑、林偉人

陳姿吟、賴宥宇、陳延興、吳百玲、張國保

葉建宏、葉貞妮、顏佩如

發 行 人 ― 楊榮川

總 經 理 ― 楊士清

總 編 輯 ― 楊秀麗

副總編輯 ― 黃文瓊

責任編輯 ― 李敏華

封面設計 ― 陳亭瑋

出 版 者 ― 五南圖書出版股份有限公司

地　　址：106臺北市大安區和平東路二段339號4樓

電　　話：(02)2705-5066　　傳　　真：(02)2706-6100

網　　址：https://www.wunan.com.tw

電子郵件：wunan@wunan.com.tw

劃撥帳號：01068953

戶　　名：五南圖書出版股份有限公司

法律顧問　林勝安律師

出版日期　2023年5月初版一刷

定　　價　新臺幣430元

經典永恆‧名著常在

五十週年的獻禮──經典名著文庫

五南，五十年了，半個世紀，人生旅程的一大半，走過來了。

思索著，邁向百年的未來歷程，能為知識界、文化學術界作些什麼？

在速食文化的生態下，有什麼值得讓人雋永品味的？

歷代經典‧當今名著，經過時間的洗禮，千錘百鍊，流傳至今，光芒耀人；

不僅使我們能領悟前人的智慧，同時也增深加廣我們思考的深度與視野。

我們決心投入巨資，有計畫的系統梳選，成立「經典名著文庫」，

希望收入古今中外思想性的、充滿睿智與獨見的經典、名著。

這是一項理想性的、永續性的巨大出版工程。

不在意讀者的眾寡，只考慮它的學術價值，力求完整展現先哲思想的軌跡；

為知識界開啟一片智慧之窗，營造一座百花綻放的世界文明公園，

任君遨遊、取菁吸蜜、嘉惠學子！